꾸란이란 무엇인가

꾸란의 탄생과 전승의 역사

KB193221

'Ulum al-Qur'an

An Introduction to the Sciences of the Qur'an

© The Islamic Foundation, First published 1983/1403 H
Reprinted 1985, 1989, 1996, 2000, 2003, 2007 and 2011
Revised 1994
ISBN: 9780860372486 Pbk

Published by THE ISLAMIC FOUNDATION
Markfield Conference Centre, Ratby Lane, Markfield Leicestershire, LE67 9SY, United Kingdom

꾸란이란 무엇인가

꾸란의 탄생과 전승의 역사

아흐마드 폰 덴퍼 지음
쌀람누리 옮김

아마존의나비

꾸란이란 무엇인가
꾸란의 탄생과 전승의 역사

발행일 · 2024년 12월 5일 초판 1쇄

지은이 · 아흐마드 폰 덴퍼
옮긴이 · 쌀람누리

펴낸이 · 오성준
편집 · 김재관
본문 디자인 · 김재석
표지 디자인 · BookMaster K

펴낸 곳 · 아마존의나비
등록번호 · 제2020-000073호(2014년 11월 19일)
주소 · 서울시 은평구 통일로73길 31
전화 · 02-3144-8755, 8756 **팩스** · 02-3144-8757
이메일 · info@chaosbook.co.kr
ISBN · 979-11-90263-28-3　93280
정가 · 16,800원

옮긴이 머리말

　이 책을 우리말로 옮기며 '꾸란을 읽는 누구나 바로 하나님의 말씀을 이해할 수 있게 된다면, 꾸란을 읽기만 하면 모두 하나님의 말씀을 잘 따를 수 있을 텐데' 하는 소박한 바람을 가졌습니다.

　어떤 책이든 그 내용을 올바로 이해하려면 그 책의 중심 주제와 목적과 의도, 다루는 내용 및 문체와 용어들을 알아야 하는데, 여기에는 비유와 함축도 포함됩니다. 역사적 배경과 시각이 필요한 경우도 있습니다. 고도의 전문 학술적인 책들을 제외하고 우리가 일반적으로 마주하는 내용은 이 점에 있어 대체로 어려움이 없는 편이지만 꾸란의 경우는 그렇게 쉽지 않습니다.

　고정관념으로 꾸란에 접근하면, 그 내용이 문제들이나 중심 주제를 명시하지도 않거니와 문체나 비유 함축어들이 대부분 낯설다는 사실을 발견하고 당황하거나 혼돈스러울 수 있습니다. 바로 이러한 점들 때문에 편협한 이슬람 비판자들은 풍부한 수확을 거둬들이지 못하고 꾸란에 대한 반대에 반대만을 쌓아 올리는 반면, 무슬림들 역시 꾸란을 하나님의 계시로 믿음에도 불구하고 당황하기는 마찬가지여서 의미를 알려 하지 않고 의문점을 억지로 가라앉히거나 순서가 없어 보이는 것을 합리화하려 듭니다. 이에 현대 들어 가장 걸출한 학자 중 한 분인 사이드 아불 아알라 마우두디 선생이 꾸란 해설을 집필하며 말한 내용을 소개합니다.

"꾸란을 믿는지 안 믿는지에 상관없이 꾸란을 진심으로 이해하려면 먼저 모든 선입관을 배제하고, 마음을 활짝 연 채 꾸란을 마주해야 합니다. 동기는 오직 꾸란을 이해하는 데 있어야지, 어느 특정 신념이나 사상에 대한 확증이나 반박을 찾아내는 데 두어서는 안 될 것입니다. 특정 사상을 의중에 두고 꾸란을 마주한다면 마치 꾸란을 전혀 읽지 않는 것과 마찬가지로 기존 견해를 확인하는 데 그치고 말 것입니다. 이러한 일은 어떠한 기준에서건 책에 대한 그릇된 접근 방식인데, 꾸란의 경우에는 특히 더 그렇습니다. 꾸란은 이런 식으로 접근하는 이에게 이해의 문을 열어 주지 않기 때문입니다".

아무쪼록 이 작은 성의가 많은 이들이 꾸란을 이해하는 데 보탬이 되어 주기를 하나님께 기도 드립니다.

2024년 11월
쌀람누리

차례

옮긴이 머리말 ··· 5

머리말 ··· 11

제2판 서문 ··· 15

들어가며 ··· 16

제1장 꾸란과 계시   **21**

계시와 꾸란 이전의 성서 ··· 21

꾸란, '하디스(*Ḥadīth*)'와 '성聖 하디스(*Ḥadīth Qudsī*)' ··· 29

계시가 선지자 무함마드에게 온 경위 ··· 35

계시의 시작 ··· 40

제2장 꾸란 계시의 전승   **47**

암기 및 구두 전승 ··· 47

문서의 전달: 선지자 무함마드 시대의 문헌 ··· 52

동료들의 무스하프들 ··· 68

우스만의 무스하프 ··· 78

제3장 **꾸란의 필사본과 인쇄물** **84**

꾸란 원고 ⋯ 84

초기의 기록 ⋯ 88

꾸란의 고전 필사본 ⋯ 90

꾸란 인쇄물 ⋯ 97

제4장 **형태와 언어와 형식** **99**

본문의 구분 ⋯ 99

언어와 어휘 ⋯ 104

문학적 형식과 형태 ⋯ 108

꾸란 스타일 ⋯ 113

제5장 본문의 이해 **125**

마카 계시와 마디나 계시 … 125

아스바브 알-누줄 … 132

나시크와 만수크 … 149

다양한 형태 … 161

제6장 본문 해석 **176**

타프시르, 그 종류와 원리 … 176

타프시르 문헌 … 196

꾸란 번역 … 207

제7장 몇 가지 관련 사안 **214**

기적으로서의 꾸란 … 214

꾸란과 과학 … 222

꾸란과 오리엔탈리스트들 … 227

제8장 꾸란을 읽고 학습하기   **236**

　　꾸란과 예절 ··· 236

　　꾸란 낭송 ··· 241

　　꾸란의 암기 ··· 252

　　기록 장치 ··· 255

　　꾸란 학습법 ··· 257

　　부록 ··· 263

머리말

자비의 주님이시며 자애를 베푸시는 하나님 이름으로

꾸란은 계시되는 순간부터 듣는 이에게 살아 있는 사건이었
습니다. 그들의 삶의 일부로서 단순한 책을 넘어 삶 그 자체였습
니다. 자신의 삶을 이해하는 데 반드시 외부의 도움이 필요한 것
은 아니지만, 살아 있는 그 말씀은 그대로 기록되어 책이 되었습
니다. 그 과정에서 일정 부분의 손실은 불가피했으며 텍스트는
이미 최초에 들었던 사람들이 이해했던 만큼의 생명력을 유지
하지 못했으나, 이는 불가피한 상황입니다. 기록되지 않았다면
그 귀중한 보물은 후대에 전달될 수 없었을 것입니다. 그러나 기
록으로 남겨진 텍스트도 시간이 흐르면서 그 의미를 명확히 하
기 위해 점점 외부의 도움을 필요로 합니다. 따라서 꾸란을 중심
으로 한 다양한 지식 분파들이 생겨나 꾸란을 이해하는 데 도움
을 주는 것은 당연하고 불가피한 일이었습니다.

'울룸 알-꾸란('*Ulūm al-Qur'ān*)'으로 알려진, 꾸란의 목적을 이
해하고 연구하는 데 필요한 발전과 학습 방법은 평화롭고 축복
받은 선지자 무함마드의 생애에서 이미 시작되었습니다. 다양

11

한 단어와 문장이 지닌 의미를 완전하고 정확하게 파악할 필요가 있었기 때문에 해석(*Tafsīr*, 따프시르)과 어휘(*Mufradāt*, 무프라다트; *Gharā'ib*, 가라이브; *Lugha*, 루가)에 대한 토대가 마련되었습니다. 언제 어디에서 계시가 내려졌는지, 어떤 상황과 맥락에서 내려졌는지, 다양화된 낭송이 허용되었는지, 허용되었다면 그것들은 무엇인지, 어떤 구절이 다른 구절을 대체했는지, 꾸란은 어떻게 배열되고 수집되었는지 등에 대한 질문이 제기되었습니다. 이러한 질문들은 점차 확대되어 왔으며, 이에 대한 답변들을 중심으로 '꾸란학(*Ulūm al-Qur'ān*, 울룸 알-꾸란)'이 발전해 왔습니다.

출판은 이슬람 문화의 중요한 특징이며, 꾸란학도 예외는 아니었습니다. 히즈라 초기부터 다양한 책들이 편찬되기 시작했는데, 첫 꾸란 해설서는 선지자 무함마드의 동료인 우바이 이븐 카아브(Ubay 'Ibn Ka'b), 압둘라 이븐 압바스('Abdullāh Ibn 'Abbās), 사이드 이븐 주바이르(Sa'īd Ibn Jubair, 히즈라 93년 사망)에서 기인했으며, 이크리마('Ikrima, 히즈라 107년 사망)는 계시 동기와 배경에 대해 기록하였습니다. 히즈라 3세기 말까지 많은 책들이 저술되었지만, 그 어느 것도 포괄적이지 못했으며, 모두 보존되지도 않았기에 체계적·포괄적 편집의 필요성이 대두되었습니다. 첫 번째로 보고된 책은 아부 바크르 무함마드 이븐 칼라프(Abū Bakr Muhammad Ibn Khalaf, 히즈라 309년 사망)가 저술한 《알-하디 피 울룸 알-꾸란(al-Hādī fī 'Ulūm al-Qur'ān)》으로 27권에 달하는 분량이었습니다. 그러나 현재 알려진 가장 오래된 책은 부르하 눗딘 자르카쉬(Burhānuddīn Zarkashī, 히즈라 794년 사망)가 저술한 《알-부르한 피 울룸 알-꾸란(al-Burhan fī 'Ulūm al-Qur'ān)》입니다. 이어서 잘랄룻딘 수유티(Jalāluddīn Sūyutī, 히즈라 911년 사망)가 저 술한 《알-이뜨깐 피 울룸 알-꾸란(al-Itqān fī 'Ulūm al-Qur'ān)》이 있 는데, 이는 주로 자르카쉬의 《알-부르한(al-Burhan)》을 기반으로 하고 있습니다. 수유티의 《알-이뜨깐》은 꾸란학의 표준 참고 도 서로 간주됩니다.

이 주제에 관한 책자가 아랍어로만 있었던 상황에서 아흐마 드 폰 덴퍼(Ahmad von Denffer)가 영어로 된 책자를 처음 편찬함으 로써 공백을 메우는 데 크게 기여했습니다. 영어 사용자들, 특히 아랍어에 익숙하지 않은 학생들은 《알-이뜨깐》 같은 꾸란을 이 해하는 데 필요한 텍스트를 찾기가 어려웠습니다. 아흐마드 폰 덴퍼의 이 책은 이제 그들이 의무를 수행하는 데 큰 도움이 될 것으로 보입니다.

누구라도 적절한 방법을 따른다면 외부 도움 없이도 꾸란의 메시지를 받아들일 수 있다고 믿습니다. 그러나 꾸란학에 대한 지식 없이 꾸란의 모든 구절의 의미를 이해하는 것은 거의 불가능하다고 생각합니다. 따라서 아랍어 원문에 접근할 수 없는 이들에게 아흐마드 폰 덴퍼의 작업은 필수적이며 매우 유용할 것입니다. 이는 정확하면서도 간결하고, 매우 포괄적인 내용을 담고 있습니다.

영국 이슬람 재단에서 이러한 가치 있는 작품을 출판하게 되어 매우 기쁩니다. 우리의 겸손한 노력을 받아 주시고 자비와 용서를 베푸시기를 지고지존하신 하나님께 기도 드립니다.

1983년 8월
영국 레이체스터
이슬람재단 이사장 쿠람 무라드

제2판 서문

꾸란학을 소개하는 이 책은 약 10년 전에 처음 편찬되어 그 후 두 차례 중쇄가 이루어졌지만 한동안 절판되었었습니다. 여러 면에서 호평을 받았던 이 책에 대해 일부 인쇄 오류 수정과 번역 시스템 표준화를 위한 개정판 요구가 있었습니다.

따라서 새로운 개정판에서는 몇 가지 오류를 수정하고, 아랍어 및 외국어 번역을 표준화하는 데 주력했으며, 필요한 몇 가지 세부 사항을 추가하고 최신 연구들을 참고 문헌 목록으로 각주에 적절히 반영했습니다. 이 책이 독자들에게 큰 가치를 제공하고 참고 문헌을 통해 많은 혜택을 받을 수 있기를 바랍니다.

이 책의 검토와 개정을 조언해 준 동료들, 특히 모크레인 구에조(Mokrane Guetzou)에게 깊이 감사드립니다. 이 재단의 겸손한 기여가 하나님의 은총을 받아 꾸란을 공부하는 학생들에게 유용한 자료가 되기를 희망합니다.

1994년 8월
이사장 마나지르 아흐산

15

들어가며

꾸란은 이 세상을 창조하시고 유지하시는 하나님의 계시가 담긴 책입니다. 이는 하나님의 인류에 대한 메시지로, 우리에게 매우 소중합니다. 메시지를 올바르게 이해하기 위해서는 첫째, 꾸란의 내용을 정확히 파악하고 깊이 연구해야 합니다. 실제로 많은 사람들이 꾸란을 읽고 그 뜻을 반영하여 새로운 의미를 찾아내고 있으며, 이를 통해 영적, 물적 성장과 발전을 이루어 냅니다. 둘째, 그 의미와 함축을 완전히 이해하기 위해서는 메시지의 맥락에 대한 특정 지식이 필요합니다. 이 지식의 일부는 꾸란 자체에서 얻을 수 있지만, 대부분은 더 넓은 연구와 학습을 통해서만 발견될 수 있는 다른 지식 영역도 존재합니다. 초기 무슬림들은 꾸란의 메시지뿐 아니라 그 설정과 체계 구축에도 헌신하였고, 이러한 노력은 결국 '울룸 알-꾸란('Ulūm al-Qur'ān)'이라 불리는 꾸란학의 발전으로 이어졌습니다.

비록 부족하지만, 내 견해로는 꾸란에 접근하는 바람직한 세 단계 방법이 있습니다.

1. 직접 듣거나 읽음으로써 꾸란 메시지 접하기
2. 꾸란 의미를 연구하고 그 내용을 반영하여 이해하기

3. 개인적 삶과 공동체 생활에 꾸란 메시지 적용하기

울룸 알-꾸란은 꾸란의 설정 배경과 상황을 이해함으로써 메시지를 더 깊이 파악하기 위한 방법론을 제공하는 지식의 한 분야입니다. 일반적으로, 꾸란학[1]은 인류의 마지막 선지자 무함마드에게 계시된 성전에 대한 연구를 의미하며, 다음과 같은 요소를 포함합니다.

- ❖ 계시의 내용
- ❖ 수집 과정
- ❖ 배열과 순서
- ❖ 기록 방법
- ❖ 계시의 배경과 이유
- ❖ 마카와 마디나에서의 계시
- ❖ 무효화된 내용과 구절들
- ❖ 명확한 구절과 비유적 구절

---

1) Ṣābūnī, Muḥammad ʿAlī: *al-Tibyān Fi ʿUlūm al-Qurʾān*, 베이루트, 1970, p.10.

다음 주제들도 꾸란 연구에 포함됩니다.

❖ 선지자, 그의 교우들 및 승계자들, 그리고 후기 꾸란 해석가
  들의 구절과 음절에 대한 해석
❖ 해석 체계
❖ 해석학자들과 그들의 저술들

이 책은 모든 꾸란학과 마찬가지로, 꾸란 구조와 맥락에 대한
정보를 공유함으로써 꾸란 메시지를 더 잘 이해할 수 있게 하는
것을 목적으로 합니다. 이 책은 꾸란학에서 다루는 전통적 주제
에 대한 서술적 설명을 많이 포함하고 있습니다. 텍스트, 문체,
문학적 형태 등 꾸란학의 일부 분야에 대해서는 간략히 언급한
반면, 더 중요한 다른 부분들은 보다 자세히 다루었습니다. 예컨
대, 특히 아쓰바브 알-누줄(*Asbāb al-Nuzūl*, 계시 배경), 알-나시크
와 알-만수크(*al-Nāsikh wa al-Mansūkh*, 무효 구절과 내용) 등 꾸란 본
문의 이해와 관련된 주제들은 상세히 다룬 반면, 일곱 가지 아흐
루프(*Ahruf*, 낭송법)나 우스만 서체(*Uthmānic Writing*) 같은 고전 아
랍어에 정통한 독자들에게만 유익한 주제들은 소개만 했을 뿐
자세히 설명하지는 않았습니다.

나는 또 일반적으로 받아들여지는 견해에 대한 개인적 의견을 자제하고, 합의되지 않은 문제에 대해서는 다양한 견해 중 가장 중요한 것을 선택해 언급했습니다. 몇몇 의문점에 대한 나의 개인적 견해는 유지하지만, 나의 주된 목적은 독자들에게 주제를 일반적으로 소개하는 것이지 내가 원하는 결론으로 유도하려는 것은 아니기 때문입니다. 꾸란학의 소개는 특별히 이 주제와 원본에 대한 접근성이 없는 무슬림 학생들을 대상으로 하여, 꾸란을 공부할 때 발생할 수 있는 다양한 문제점들에 주의를 기울였습니다. 따라서 독자들에게 특별히 관련이 있을 것으로 보이는 몇 가지 주제를 포함시켰습니다.

- ❖ 오리엔탈리스트와 꾸란
- ❖ 꾸란 번역본들
- ❖ 현대적 꾸란 해석
- ❖ 꾸란의 언어
- ❖ 꾸란 낭송과 암송

더불어 독자들의 이해를 돕기 위해, 논의된 다양한 주제들을 설명하고 보다 쉽게 이해할 수 있게 전형적인 예시들을 자주 인용했습니다.

마지막으로, 아랍어에 익숙지 않은 독자들을 위해, 예컨대 하디스(*Hadīth*)의 영문판처럼 가능한 한 영어 번역본 참고 문헌을 제공하였습니다. 그러나 아스바브 알-누줄(*Asbāb al-Nuzūl*)'이나 알-나시크 와 알-만수크(*al-Nāsikh wa al-Mansūkh*) 같은 특정 주제에 관한 한 영어 번역 자료가 아직 없어 참고 문헌은 아랍어로만 제한되었습니다. 또한, 이 책에서 다루는 주제에 대한 더 깊은 이해를 돕기 위해 각 섹션마다 최소한 한두 권의 영어 참고 문헌을 소개하려고 노력하였습니다.

내가 알기로 이 책은 유럽 언어로 번역된 최초의 책으로 그 목적을 달성하여 독자 여러분들이 꾸란의 메시지를 완전히 이해하고 일상생활에 적용하는 데 도움이 되기를 바랍니다. 이 겸손한 노력이 하나님께 받아들여지고 그 부족한 점은 용서해 주시기를 바랍니다.

라마단 달 히즈라 1401년/서력 1981년
영국 레이체스터에서
아흐마드 폰 덴퍼

제1장

꾸란과 계시

계시와 꾸란 이전의 성서

하나님과 인간의 교감

하나님께서는 인간과 소통하셨습니다. 이는 모든 신앙의 근본인 '계시'의 핵심 개념으로, 단순히 인간과 '완전히 다른 존재'로서의 위대한 '미지의 존재'와의 관계를 설명하려는 철학적 시도를 넘어 성립합니다. 시간이 흐르거나 그 개념이 이슬람의 명확한 가르침과 얼마나 떨어져 있는지에 상관없이, 하나님의 인간에 대한 소통 없이 수행되었거나 수행을 시도했던 신앙은 존재할 수 없습니다.

신을 부정하는 인간

하나님의 인간에 대한 소통은 인간이 이 땅에 처음 등장한 순간부터 오늘에 이르기까지 항상 있어 왔습니다. 사람들은 때때로 하나님과의 소통을 부인하거나 진정한 소통의 근원과 기원을 다른 곳으로 돌렸습니다. 최근 들어 몇몇은 하나님을 완전히 부정하기 시작하는가 하면, 하나님과의 소통을 마치 인간의 집착이나 환상의 산물로 설명하려는 시도도 있습니다. 그럼에도 이러한 사람들조차 하나님과의 소통에 대한 인간들의 선입견이 인간의 역사만큼 오래되었다는 사실을 의심하지 않습니다. 그들은 자신들의 추론이 물적 증거에 기반한다고 주장합니다. 이러한 사고의 흐름에 따르면, 그들은 하나님의 존재를 부인해야 할 것이라 여기지만 (물적 증거가 충분하므로)동시에 인간은 하나님(의 존재)과 하나님과 인간의 소통이라는 개념에 몰두해 왔다는 사실을 인정할 수밖에 없었습니다.

경험주의와 현실

물적 증거를 강조해 현실과 진리를 추구하는 그들의 일반적 접근법은 분명 칭찬할 만합니다. 그들은 비단 경험주의가 아니더라도 상식적으로 우리에게 보고, 듣고, 만지는 직접적 경험을 통해서만 파악할 수 있는 것을 실재(實在)로 인정해야 한다고 주장합니다. 한편, 다른 사상 체계 속에서 현실을 평가하는 다른 기준이 존재할 수도 있지만, 오늘날 물질주의 철학이 주류를 이루는 가운데 (특히 종교적 성향의 사람들을 위시한)많은 사람들이 이러한 현실을 개탄하며 이상주의나 교리가 지배하던 과거로 돌아가길 바라기도 합니다. 그러나 저는 개인적으로 현재 상황을 불변적 이상향이 아니라 우리의 출발점으로 받아들이는 것이 유익하리라 생각합니다.

창조는 하나님의 물적 증거

오늘날 많은 사람들이 경험주의를 자신들의 지도 원리로 받아들이며, 이에 따라 신은 자신의 존재와 실체에 대해 모든 경험주의자들이 인정할 만큼 충분히 물적 증거를 제공했다고 합니다. 넓은 대지와 우주 창조는 하나님의 존재에 대한 물적 증거입니다. 어떤 경험주의자라 할지라도 지구와 우주의 존재 사실을 부정하지는 않을 것입니다. 다만 그들은 매번 그것들을 '창조'로 인식하지 않을 따름입니다. 그렇게 인식하는 경험주의자가 있다면 그는 자신이 가진 물적 증거를 토대로 위대한 원인, 그리고 그 이면의 이성과 목적을 논증해야 할 것입니다. 이러한 그의 논증은 그의 경험주의적, 합리적, 과학적 사고와 전혀 모순되지 않으며 오히려 완벽하게 일치합니다.

인간의 오만

그럼에도 불구하고 인간이 하나님을 부정하고 인간에 대한 하나님의 소통을 의도적으로 무시하는 이유에 대해서는 여기서 더 이상 자세히 논의하지는 않겠습니다. 굳이 말하자면, 인간의 자만심, 오만, 그리고 거짓된 자존심에서 찾아야 할 것입니다. 인간은 자신과 그의 종족이 '창조물'의 정점에 있다는 것을 깨닫고, 스스로를 자율적이고 독립적이며 절대적으로 자유롭다고 믿으며 우주의 주인이 될 수 있는 완벽한 능력을 갖추고 있다고

생각합니다. 인간이 다른 어떤 것보다 우월하다는 자기 인식 또한 인간에게는 태초부터 있어 왔습니다.[1]

인류를 위한 안내

꾸란에 따르면, 무슬림들은 인류가 이 땅에서 삶을 시작한 순간부터 하나님과의 교감을 통해 인도받고 자만과 기만으로부터 보호되었다고 믿습니다.

하나님께서 말씀하시기를, "그대들 모두 지상으로 내려가 안내를 기다릴 것이니, 이를 따르는 이들에게는 걱정도 슬픔도 없으리요."(꾸란 2장 *Sūrah al-Baqarah* 38절)

이 메시지와 약속은 아담의 후손들과 모든 인류에게 보내는 하나님의 교감이며, 꾸란은 이를 다음과 같이 설명합니다.

아담의 자손들이여, 그대 중에서 선지자들이 올 때마다 나의 증표를 예

---

1) 악이 이 세상에 들게 된 계기에 대한 질문은 진실을 추구하는 많은 성실한 사람들을 사로잡았습니다. 꾸란이 제시하는 대답은 간결하지만 역사와 현대 인류 문명의 모든 증거에 대비할 때 매우 설득력이 있습니다. 이 세상의 모든 악의 근원은 하나님에 대한 불복종에서 오는데, 이는 자신이 다른 사람보다 우월하게 여기는 자만에서 비롯됩니다. 인간에 의한 억압, 차별, 범죄 및 그날을 지배하는 모든 악행들은 이런 신봉에서 오게 됩니다. 시험은 하나님께 순종하는 데 있습니다. 하나님, 즉 '완전히 다른' 존재를 기준으로 보면, 모든 창조물은 그 반대편에 있으며 평등합니다. 이는 꾸란 7장 *Sūrah al-Araf*에서 하나님께서 모든 천사들에게 최초의 인류인 아담에게 절하도록 하신 명령과 관련됩니다. 천사들은 하나님의 뜻에 순종하고 따랐지만 이블리스가 반항했는데, 어째서 하나님의 뜻을 반대하느냐고 묻자 이블리스가 대답했습니다. "당신께서는 나를 불에서 창조하셨고, 그(아담)를 흙에서 창조했으니, 내가 그보다 우월합니다(*anā khairun minhu*, 아나 카이룬 민 후, 꾸란 7장 *Sūrah al-Araf* 12절)". 이것이 바로 악의 시작점입니다. 이후 이블리스는 자신의 사명으로 사람들이 하나님 뜻에 어긋나도록 선동하는 것을 삼습니다.

행하라. 의롭고 (삶을) 고친 이들에게는 두려움도 슬픔도 없으리라.(꾸란 7장 *Sūrah al-Araf* 35절)

메신저들

하나님의 인도는 선지자와 예언자를 통해 이루어지며, 이들은 하나님의 경전을 전합니다.

명백한 증거로서 선지자들을 보내셨고, 책과 균형을 주셨으니, 사람들이 정의롭게 행동할 수 있도록 하셨다.(꾸란 57장 *Sūrah al-Hadid* 25절)

모든 선지자들의 근본 메시지와 경전들은 모두 동일하며, 이는 하나님께서 인류에게 전달하신 메시지입니다.

모든 민족에게 선지자를 보냈으니, 나만을 숭배하고 거짓 신들을 멀리하라 (공표하라) 하였다….(꾸란 16장 *Sūrah an-Nahl* 36절)

선지자들의 이름과 숫자

꾸란에는 여러 선지자들의 이름이 언급되어 있습니다. 아담, 노아, 아브라함, 이스마일, 이삭, 룻, 야곱, 요셉, 모세, 아론, 다윗, 솔로몬, 일리야, 알-야사, 유누스, 욥, 자카리아, 야히야, 예수, 이드리스, 후드, 둘-키플, 슈아이브, 살리, 루크만, 둘-까르나인, 우자이르, 무함마드 등이 그들입니다. 그러나 이 언급이 그들만이 하나님의 선지자였다는 것을 의미하는 건 아닙니다. 꾸란은 선지자들의 숫자가 훨씬 많음을 밝히며, 하나님께서 모든 인류 공동체에 선지자들을 보내셨음을 명확히 알립니다.

그대 이전에도 선지자들을 보냈으며, 그대에 관한 이야기가 있는 사람들과 없는 사람들이 있도다….(꾸란 40장 *Sūrah Ghafir* 78절)

모든 공동체에 선지자를 보냈다….(꾸란 10장 *Sūrah Yunus* 47절)

경전들의 이름과 숫자

많은 선지자들이 있었던 것처럼 그들의 메시지를 담은 기록들도 여럿 존재합니다. 꾸란은 특히 다음과 같은 계시들을 언급하는데, 이것들은 때로는 장(sheet) 또는 판(*Ṣuḥuf*, 수후프)', 때로는 책이나 경전(*Kitāb*, 키따브)이라고 불립니다.

- ❖ 이브라힘과 무사(*Mūsā*)의 '장'
- ❖ 무사의 토라(*Taurāt*, 타우라트)
- ❖ 다우드의 시편(*Zabūr*, 자부르)
- ❖ 예수의 복음서(*Injīl*, 인질).
- ❖ 무함마드의 꾸란

이전 경전들의 내용

모든 이전 성경의 가르침은 그 내용이 영원한 가치와 중요성을 지니고 있어 꾸란에 포함되어 있습니다. 꾸란은 선택적으로 이전 성경의 내용을 구체적으로 설명하는데, 이에 대해 자세히 살펴보도록 하겠습니다. 이브라힘과 무사의 장 혹은 판(*Ṣuḥuf*)에 관한 내용은 다음과 같습니다.

스스로를 정화하고 수호하는 주님의 이름을 찬양하며 예배 드리는 이들은 번영할 것이니, 현세를 더욱 선호하는 이들이 있으나, 내세는 더욱 나으며 더 오래 지속될 것이다. (꾸란 87장 *Sūrah al-Ala* 14-17절)[2]

무사의 토라(*Taurāt*, 율법)에 대한 내용은 다음과 같습니다.

율법에는 안내와 광명이 담겨 있으며…. 경전에 따르면 목숨에는 목숨, 눈에는 눈, 코에는 코, 귀에는 귀, 이에는 이로 갚아야 하며, 모든 상처에는 상응하는 상처로 보복해야 한다고 명시되어 있음에. 그러나 만약 누군가가 관용을 베풀어 보복을 면제한다면, 그것은 그의 속죄가 될 것이라. 하나님의 계시에 따라 판결하지 않는 자, 공정하지 못함이로다. (꾸란 5장 *Sūrah al-Maidah* 44-45절)

다우드의 시편(*Zabūr*, 자부르)에 관한 내용입니다.

그리고 기억하라. 우리가 시편에 기록하였노니 "정의로운 종복들이 땅(낙원)을 상속받으리라." (꾸란 21장 *Sūrah al-Anbiya* 105절)

예수의 복음서(*Injīl*, 인질)에 관한 내용입니다.

무함마드는 하나님의 선지자이며, 그의 동료들은 불신자들에게 단호

---

2) 꾸란 87장(*Sūrah al-Ala*) 전체가 계시 최초에 대한 언급이라는 사람이 있는 반면에 여기에서 인용된 몇 구절만이 실제로 의미 있다고 보는 사람도 있습니다. 다음을 참조하세요. 『이븐 카시르의 꾸란 해설집(*Mukhtaṣar Tafsīr Ibn Kathīr*)』(베이루트, 1402/1981), Vol. 3, p.631. 무사(*Mūsā*)와 이브라힘(Ibrāhīm)의 수후프에 대한 또 다른 언급은 꾸란 53장 *Sūrah an-Najm* 36절에 등장합니다.

하나 서로에게는 친절하도다. 그들이 하나님의 보상과 인정을 받기 위해 절하는 모습을 보라. 그들의 이마에는 절로 인한 흔적이 남아 있어, 율법과 복음서에 묘사된 그들의 모습은 마치 땅에 씨를 뿌린 후 힘차게 자라나는 옥수수처럼 뿌린 이들에게 기쁨을 주고 불신자들에게는 분노를 일으키나니. 믿는 이들에게 하나님의 약속은 용서와 큰 보상이리라.(꾸란 48장 *Sūrah al-Fath* 29절)

꾸란 이전의 경전들은 온 세상의 주님이신 하나님, 인간, 그리고 다른 피조물들에 대한 근본적 메시지를 공유하며, 특정 시대와 상황에 맞춰 유대인이나 그리스도교인과 같은 특정 공동체에게 직접적 지침을 제공하기도 했습니다. 꾸란 이전의 계시는 그러므로 대부분의 상황에 맞춰져 있어 특정 상황에 한정되었기에 이는 계시의 연속성을 설명해 주는 것이기도 합니다. 변화하는 상황과 환경 속에서는 하나님의 새로운 지도가 필요하게 되었습니다. 계시와 경전이 근본적으로 완전히 보편적이지 못하다면, 계시는 결코 완성되지 못할 것입니다.

마지막 계시
하나님께서 인류에게 마지막 전령으로서 무함마드를 보내셨고, 그는 하나님의 마지막 계시를 가져왔습니다. 따라서 그 경전 속에 담긴 내용은 마지막 메시지인 것입니다. 꾸란의 메시지는 기본적으로 이전의 경전이나 계시와 다르지 않으며, 인류에게 보편적인 지침과 설명을 제공합니다. 이는 시간과 상황에 관계

없이 적용되며, 인류의 지위와 역사에 부합하는 계시입니다. 인류는 발전 과정에서 목적적 존재를 보호하기 위해 보편적 원칙이 적용되어야 하는 단계에 이르렀습니다.

꾸란, '하디스(*Ḥadīth*)'와 '성聖 하디스(*Ḥadīth Qudsī*)'

꾸란

꾸란을 정의하면 다음과 같습니다.

❖ 천사 가브리엘을 통해 선지자 무함마드에게 전달된 하나님의 말씀으로, 여러 사람들에 의해 구두와 서면으로 정확한 의미와 표현을 유지하며 전해진 계시입니다.

❖ 하나님께서 보호하셔서 오염되지 않고, 모방할 수 없는 독특함을 지니고 있습니다.

꾸란이라는 용어

아랍어에서 '꾸란(*Qur'ān*)'은 '읽다'[3] 또는 '낭송하다'[4] 등의 다양한 의미를 가진 동사 '까라아(*Qara'a*)'에서 파생되었습니다. 꾸란은 동명사로서 '읽기' 또는 '낭송'을 의미합니다. '꾸란' 자

---

3) 꾸란 17장 *Sūrah al-Isra* 93절.

4) 꾸란 75장 *Sūrah al-Qiyamah* 18절. 17장 *Sūrah al-Isra* 46절.

체의 의미에 사용되었듯, 이 단어는 넓은 의미에서 하나님의 계시를 나타내며,[5] 오늘날 우리 앞에 놓인 책의 형태로 기록된 형식에만 국한되지 않습니다. 그러나 다른 선지자들에게 전해진 경전들이 각기 다른 이름(율법, 복음, 성서 등)으로 불리듯, 꾸란은 오직 무함마드에게 전해진 계시를 의미합니다.

꾸란의 다른 이름들

하나님께서 선지자 무함마드에게 보내신 계시는 '꾸란(낭송)'이라는 이름뿐 아니라 여러 다른 이름으로도 언급됩니다.

- 푸르칸(*Furqān*, 기준)-"종복에게 기준을 계시하신 분께 축복을".(꾸란 25장 *Sūrah al-Furqān* 1절)
- 딴질(*Tanzīl*, 내려 보냄)-"꾸란은 온 세상의 주님께서 보내신 계시니노라."(꾸란 26장 *Sūrah al-Shuara* 192절)
- 디크르(*Dhikr*, 상기)-"내가 꾸란을 보냈으니 이를 수호하리라."(꾸란 15장 *Sūrah al-Hijr* 9절)
- 키따브(*Kitāb*, 성서)-"그대들을 언급한 책을 보냈음에도 이유를 모른다는 건가?"(꾸란 21장 *Sūrah al-Anbiya* 10절)

꾸란에 대한 다른 표현으로는 누르(*Nūr*, 빛), 후다(*Hudā*, 안내), 라흐마(*Rahmah*, 자비), 마지드(*Majīd*, 영광), 무바라크(*Mubārak*, 축복), 바시르(*Bashīr*, 복음), 나디르(*Nadhīr*, 경고) 등이 있습니다. 이

---

5) 꾸란 17장 *Sūrah al-Isra* 82절.

모든 이름들은 하나님의 여러 덕성 중 하나를 반영합니다.

하디스의 뜻[6]

'하디스(*Hadīth*)'라는 용어는 뉴스, 보도, 또는 이야기 진행 등
을 의미하는데, 꾸란에서 이러한 일반적 의미로 사용됩니다.[7]
기술적으로, 하디스(복수형 아하디스, *Ahadīth*)는 특히 선지자 무함
마드의 순나(*Sunnah*, 언행록)에 대한 보고서(언어적이고 문서화된)
를 의미합니다. 선지자 무함마드에 대한 하디스의 기록은 다음
과 같습니다.

- ❖ 그가 한 말(*Qaul*, 까울)
- ❖ 그가 한 행동(*Fi'l*, 휘일)
- ❖ 그가 다른 사람들의 행동에 (침묵으로)동의한 내용(*Taqrīr*, 따
    끄리르)

그에 대한, 즉 그가 어떤 사람이었는지에 대해 설명한 시파
(*Ṣifah*)도 있습니다.

꾸란과 하디스의 차이점

대다수의 무슬림 학자들은 순나(*Sunnah*, 선지자 언행록)의 내용
역시 하나님께서 주신 것이라는 데 동의하며, 이를 하나님의 영

---

6) 하디스에 대한 자세한 내용은 아자미(A'zami, Muḥammad Mustafa)의 *Studies in Hadith
Methodology and Literature* (인디애나폴리스, 1977)을 참조하십시오.

7) 예컨대, 꾸란 12장 *Sūrah Yusuf* 101절.

감으로 간주한다고 설명했습니다.[8] 그러나 순나가 선지자 무함마드의 말과 행동을 담은 내용인 반면, 꾸란은 천사 가브리엘이 선지자에게 전달한 문구와 내용을 포함하며, 선지자가 이를 계시로 받아 정확하게 발표한 내용입니다. 무슬림 학자 수유티 (Suyūti)는 두 형태의 차이를 저서 《주왈니(*Juwalnī*)》에서 이렇게 설명합니다.

하나님의 계시에는 두 가지 유형이 있습니다. 첫 번째는 천사 가브리엘에게 말씀하시며 내리시는 이러저러한 지시입니다.

"선지자에게 이런 내용을 전하도록 하라".

주님 명령을 이해 한 가브리엘은 선지자에게 찾아와 그 말씀을 전달하는데, 그 방식이 [하나님께서 가브리엘에게 내렸던 바와]다른 표현으로, 마치 기대에 찬 사람에게 황제가 명령 내리듯 하였습니다.

"그대에게 이르노니 그대의 군대를 모아 전투에 대비하라. 그리하여 그분을 위해 노력하시라…"

이에 선지자는 이 말씀을 공표합니다.

"나에게 대한 충성도, 군대를 해산하지도 말고 전투에 임하시오."

이때 선지자는 메시지를 늘린다든지 축소하지도 않습니다. 또 다른 경

---

8) 자세한 내용은 이맘 알-샤피(Imām al-Shāfiʿī)의 *Kitāb al-Risālah*(카이로, 연대 미상), 특히 28쪽과 영어판 마지드(Khadduri Majid)의 *Islamic Jurisprudence*. Shāfiʿi's Risala(볼티모어, 1961), 5장, 특히 121-122쪽을 참조하십시오.

우에 하나님께서 가브리엘에게 명하셨습니다.

"여기에 적힌 내용을 선지자에게 읽어 주도록 하라".

가브리엘은 한 올의 털끝만큼도 건드리지 않고 하나님으로부터 받은 말씀을 전달하는데, 마치 왕이 (명령을)작성하고 믿을 만한 신하에게 건네주며 명령을 내리듯 하였습니다.

"이것을 이차저차 읽거라."

수유티에 따르면, 꾸란은 두 번째 범주에 속하고, 첫 번째 범주는 순나에 해당합니다. 꾸란은 그 자체의 의미와는 별개로 순나의 해석을 이끌어냅니다.[9] 일반적으로 꾸란과 순나의 차이점은 다음과 같이 받아들여집니다. 선지자 무함마드에 관하거나 그로부터 생성된 하디스는,

- ❖ 꾸란과 달리 하나님의 말씀이 아닌, 인간의 말이나 행동입니다.
- ❖ 꾸란처럼 반드시 정확한 표현으로만 전해지는 것은 아닙니다.
- ❖ 일부 경우를 제외한 대부분의 경우에 '타와투르(*Tawātur*)' 즉, 불특정 다수에 의한 보고를 통해 전달되지 않습니다.

---

9) Ṣābūnī, *Tibyān*, p.52

성(聖) 하디스[10)]

아랍어 '꾸드시(Qudsī)'는 거룩함이나 순수함을 의미합니다. 선지자 무함마드가 전한 말씀 중에는 하나님의 말씀이나 행동에 대한 언급이 포함되어 있으나, 이러한 내용은 꾸란에는 수록되어 있지 않습니다. 이와 같은 내용을 '하디스 꾸드시(Ḥadīth Qudsī)' 또는 '성(聖) 하디스'라고 합니다. 아부 후라이라(Abū Hurairah)는 선지자의 말을 전했습니다.

> 지고 지존하신 하나님께서 말씀하셨습니다. "나의 종복이 나를 만나길 원한다면, 나도 그를 만나길 원할 것이며. 그가 만약에 나를 외면한다면, 나도 그를 외면하리라."[11)]

꾸란과 하디스 꾸드시는 모두 무함마드에게 계시된 하나님의 말씀을 담고 있다는 공통점이 있습니다. 그러나 꾸란과 하디스 꾸드시의 주요 차이점은 다음과 같습니다.

❖ 꾸란의 정확한 단어들은 하나님께서 주신 것이며, 하디스 꾸드시는 선지자 무함마드가 표현한 말씀이다.

❖ 꾸란은 천사 가브리엘을 통해 무함마드에게 전달되었지만, 하디스 꾸드시는 꿈이나 다른 형태의 영감을 통해 받은 것일 수 있다.

---

10) 이 주제에 대한 소개와 선택된 예문은 예컨대, Ibrāhīm, Izzuddin과 Denis Johnson-Davies의 *Forty Ḥadith Qudsi*(베이루트, 다마스쿠스, 1980)을 참조하십시오.

11) 앞의 책, No. 30.

- 꾸란은 모방할 수 없으며 독특하다고 여겨지지만, 하디스 꾸드시는 그렇지 않다고 본다.
- 꾸란은 다수의 사람들(*Tawātur*, 타와투르)에 의해 전파된 반면, 하디스와 하디스 꾸드시는 종종 소수나 심지어 개인에 의해서만 전해지기도 했다.

꾸란의 내용에는 의심할 여지가 없는 반면, 정통 하디스 꾸디시도 존재하지만, 하산(*Hasan*, 건전함)이나 다이프(*Da'if*, 의심스러움)와 같은 다른 등급의 하디스도 있습니다. 또 다른 중요한 점은 예배를 드리면서 하디스 꾸드시를 꾸란과 같이 낭송할 수 없다는 것입니다.

꾸란의 독특한 특성

꾸란이 다른 일반적인 글이나 용어들과 가장 크게 구별되는 점은 천사 가브리엘을 통해 계시된 하나님의 말씀으로서 독특하고 모방할 수 없으며, 하나님께서 직접 모든 오염으로부터 보호하신다는 사실입니다.

계시가 선지자 무함마드에게 온 경위

창조물을 인도하시는 하나님

창조주이신 하나님은 창조를 이루시는 데 그치지 않고 우리와 우리 주변 세계를 창조하신 방식으로 지속적으로 유지하고 이끌어 가십니다. 그분께서는 여러 형태의 인도를 제공하셨는데, 그중에는 자연 법칙도 포함되어 있습니다. 하지만 하나님께서는 인류가 지구에 등장한 초창기부터 인류에게 특별한 형태의 인도를 허락하셨습니다. 하나님께서 아담과 그의 후손들에게 약속하셨습니다.

> 그대들 모두 여기서 내려가라. 확언하노니, 나로부터 그대들에게 인도가 내려갈 것임에. 나의 인도를 따르는 이들에게는 두려움도 없고 슬퍼하지도 않으리라.(꾸란2장 *Sūrah al-Baqarah* 38절)[12]

이 인도는 하나님께서 인류에게 보내신 선지자들을 통해 이어져 마지막 메신저인 무함마드가 마지막으로 인도받을 때까지 지속되었습니다.

계시를 통한 안내

우리는 하나님께서 당신의 방식으로 인도하심을 전하는 사람들을 선지자 또는 전령(*Nabī, Rasūl*)이라고 부릅니다. 선지자들은 계시를 통하여 하나님의 말씀을 받고, 그 메시지를 다른 사람들에게 전달합니다.

> 하나님께서 그대에게 성령을 보내셨으니 노아와 그 뒤를 이은 사자들에게 보내신 바와 같다. 하나님께서는 아브라함, 이스마일, 이삭, 야곱

---

12) 여기서 '인도'에 사용된 단어는 후단(Hudan)입니다.

과 그 후예들, 예수, 욥, 요나, 아론과 솔로몬에게 <u>성령</u>을 보내셨으며 다
윗에게는 시편을 보내셨노라. 어떤 사도들에 대해서는 하나님께서 이
미 이야기하였으나(모세에게는 하나님께서 직접 말씀하셨다) 다른 사도들
에 대해서는 하나님께서 직접 말씀하지 아니하셨으니. 그들은 선지자
들이 하나님을 원망하지 아니하게 하리라. 하나님은 능력과 길에 있어
서 높임을 받으셨으니, 이는 하나님께서 능력과 길에 있어서 높임을 받
으셨음이라.(꾸란 4장 *Sūrah an-Nisa* 163-5절)

위 번역에서 밑줄로 표시된 두 단어는 모두 아랍어의 어근인
'와히(*Wahy*)'에서 유래한 것입니다.

와히의 의미

'와히(*Wahy*, 계시)'라는 용어의 어원 '아우하(*Awhā*)'는 꾸란에서
다양한 의미로 사용되며, 각각의 용례는 누군가를 가리키거나
인도하는 영감의 핵심 개념을 표현합니다. 아래의 각 예시에서,
밑줄로 강조된 단어는 꾸란 원문에 나타나는 '와히'라는 어근으
로부터 파생된 용어입니다.

❖ 자연스러운 직관에 대한 안내

그래서 이 <u>감령</u>을 모세의 어머니에게 보냈다.(꾸란28장 *Sūrah al-Qasas* 7절)

❖ 본성에 내재된 지침

그대 주께서 꿀벌에게 언덕과 나무와 사람의 처소에 그 세포를 쌓아 놓

도록 <u>가르치셨느니라.</u>(꾸란 16장 *Sūrah An-Nahl* 68절)

❖ 징표에 의한 안내

자카리아가 자기 방에서 백성에게 나와 아침저녁으로 하나님을 찬양하는 것을 표징으로 <u>말하니라.</u>(꾸란 19장 *Sūrah Maryam* 11절)

❖ 악행으로부터의 인도

이와 같이 우리는 모든 전령들을 적으로 삼았으니 곧 사람과 진(jinn) 가운데 악한 자들로서, 속임수로서, 꽃다운 담론으로서 서로를 <u>고무시켰도다.</u>(꾸란 6장 *Sūrah al-Anam* 112절)

❖ 하나님의 인도

그대 주님이 천사들에게 (기별로)<u>영감</u>을 주셨음을 기억하라….(꾸란 8장 *Sūrah al-Anfal* 12절)

계시 방법

계시의 의미에서 '와히'는 꾸란 구절에 언급된 방법 중 하나를 통해 하나님으로부터 말씀을 받은 선지자들이 전하는 하나님의 창조에 대한 지침입니다.

영감으로 말미암지 아니하고, 휘장 뒤에서 말하거나 하나님 허락 없이 사자를 보내 사람들에게 말하는 것이 합당치 아니하니, 하나님께서 지극히 높으시고 가장 지혜로우심이라.(꾸란 42장 *Sūrah al-Shura* 51절)

계시를 받는 방법은 다음과 같습니다.

- ❖ 꿈꾸는 듯한 영감: 이브라힘의 꿈속에서 그의 아들을 희생 제물로 바치라는 인도를 받는 꾸란 37장 *Sūrah as-Saffat* 102절 참조.
- ❖ 숨겨진 음성: 무사(Mūsā)에게 불 속에서 들려온 하나님의 목소리. 꾸란 27장 *Sūrah an-Naml* 8절 참조.
- ❖ 하나님께서 특별한 전령을 통해 보내신 말씀: 하나님께서 무함마드에게 천사 가브리엘을 메신저로 보내 당신의 메시지를 계시하셨다는 꾸란 2장 *Sūrah al-Baqarah* 97절 참조.

무함마드에게 계시된 꾸란

하나님의 마지막 선지자로 알려진 무함마드는 특별한 전령인 천사 가브리엘을 통해 꾸란의 계시를 받았으며, 이 천사는 하나님의 말씀을 무함마드에게 정확히 전달했습니다.

꾸란의 강림

압둘라 이븐 압바스('Abdullāh Ibn 'Abbās)에 의해 전해진 하킴(Hākim), 바이하키(Baihaqi), 나사이(Nasā'ī)의 보고들을 바탕으로 수유티(Suyūti)는[13] 꾸란이 두 단계에 걸쳐 전달되었다고 기술합니다.

---

13) *al-Itqān fi 'Ulūm al-Qur'ān*, 베이루트, 1973, Vol. I, pp.39-40.

❖ 잘 보존된 서판, 라우 알-마흐푸즈(*Lauh al-Mahfūz*)에서 세
   상의 가장 낮은 하늘(*Bait al-'Izza*)로 성령(聖靈)의 밤 '라일라
   알-까드르(*Lailah al-Qadr*)'에 일괄하여 내려졌습니다.

❖ 무함마드의 선지자 시절 23년 동안 하늘에서 땅으로 단계
   적으로 내려졌고 맨 처음 라마단의 라일라 알-까드르 밤에
   천사 가브리엘을 통해 계시되었습니다. 하늘로부터 선지자
   심장으로 향하는 이 두 번째 강림은 꾸란 17장 *Sūrah al-Isrā*
   와 꾸란 25장 *Sūrah al-Furqān*에서 언급됩니다.

계시의 시작

꾸란 계시는 선지자 무함마드가 생애 40년째 되던 해인 610
년경, 마카 인근 야산의 히라 동굴에서 은둔 중이던 시기, 라마
단의 라일라 알-까드르(27번째 밤이나 21일 이후의 어느 홀수 날 밤)
에 시작되었습니다.

이맘 부카리[14]의 기록

아래 내용은 이맘 부카리의 권위 있는 하디스 '사히 알-부카
리(*Sahīh al-Bukhāri*)'에 보고된 기록입니다.

---

14) 영어로 번역된 하디스는 별도의 언급이 없는 한 Muḥammad Muhsin Khan의 *The
Translation of the Meanings of Saḥīh al-Bukhārī*, 전 9권, 이스탄불, 1978년 (약칭 Bukhārī)와
Abdul Ḥamid Siddiqui의 *Saḥīh Muslim*, 전 4권, 라호르, 1978년 (약칭 Muslim)에서 발췌되었
습니다.

신실한 신자들의 어머니 아이샤(Aishah)의 말에 따르면, 하나님의 선지자에게 내려진 신성한 영감은 마치 밝은 낮과 같이 선명한 좋은 꿈의 형태로 시작되었으며, 그에게는 은둔을 사랑하는 마음이 주어졌다. 그는 히라 동굴에서 은둔하며 가족을 만나고 싶을 때까지 여러 날을 하나님만을 숭배하며 보냈다. 그가 히라 동굴에 머무는 동안 음식을 가져갔다가 다시 아내 카디자에게 돌아와 음식을 챙겨 가기를 반복하고는 했는데. 그러던 어느 날, 그가 동굴에 있을 때 갑자기 진리가 그를 찾아왔다. 천사가 그에게로 와서 무언가를 읽도록 요구함에 선지자가 "글을 모르오" 하고 대답했다. 선지자는 덧붙여 말했다. 천사는 나를 강제로 붙잡아 참을 수 없을 만큼 세게 눌렀다가 다시 풀어 주면서 또 다시 읽어 보라고 요구함에 나는 "읽을 줄 모른다(혹은 무엇을 읽어야 하는가?)" 하고 답했다. 그러자 다시 붙잡아 참을 수 없을 때까지 두 번이나 압박했다. 그런 다음 세 번째로 나를 붙잡고 압박한 후 풀어 주면서 말했다. "응혈에서 사람을 창조하신 주님의 이름으로. 읽어라! 그대 주님께서는 가장 넉넉하신 분이시다."[15]

이 이야기에 따르면, 선지자가 자신이 겪은 무서운 일을 아내 카디자에게 돌아가 전했다고 합니다. 선지자를 위로한 그녀는 선지자와 함께 카디자의 친척이자 지식이 풍부한 그리스도교인이었던 와라카(Waraqah)와 상담했습니다. 와라카는 무함마드가 '하나님께서 모세에게 보내신 자'를 만났다며, 무함마드가 그의 백성들에 의해 추방될 것이라고 말했습니다.

---

15) Bukhārī, 1권, No.3; VI, No, 478; Muslim I, No. 301.

계시가 온 경위

신실한 신자들의 어머니 아이샤의 설명입니다.

알-하리스 빈 히샴(al-Hārith bin Hishām)이 하나님의 선지자에게 물었다. "오, 하나님의 선지자시여, 하나님의 영감은 어떻게 당신에게 나타났습니까?" 하나님의 선지자가 대답하기를 "때론 그것은 종소리와 같이 나타나며, 이러한 형태의 영감은 가장 힘들었는데 영감을 받은 후에는 이 상태가 사라집니다. 때로는 천사가 인간의 모습으로 나타나 저에게 말을 건넸고, 저는 그가 말하는 것을 간직했습니다."[16]

첫 번째 계시[17]

선지자 무함마드가 받은 첫 번째 계시는 꾸란 96장 *Sūrah al-'Alaq*의 첫 구절 1~3절에 있습니다(1절부터 5절까지라는 의견도 있다).

응혈에서 사람을 창조하신 주님의 이름으로. 읽어라! 그대 주님께서는 가장 넉넉하신 분이시니, 무지한 사람들에게 펜의 사용을 가르쳐 주신 분이시라."

현재 19개 절로 구성되어 있는 꾸란 96장의 나머지 부분들은 나중에 계시되었습니다.

---

16) Bukhārī, 1권, No.2.

17) Suyūti, Itqān, 1권, pp.23-24를 참조하십시오.

일시 중지(파트라)

이렇게 첫 번째 메시지를 받은 뒤, 일정 기간 중단(*Fatrah*, 파트라)되었다가 다시 계속되었습니다.

자비르 빈 압둘라 알−안사리(Jābir bin Abdullāh al-Ansāri)는 계시가 중단된 동안의 일을 설명하면서 선지자 이야기를 전했습니다. "내가 걸어가는 중에 갑자기 하늘에서 어떤 목소리가 들려 왔습니다. 머리를 들어바라보니, 히라 동굴에서 나를 찾아온 그 천사가 하늘과 땅 사이에 떠있는 의자에 앉아 있었습니다. 그 천사가 두려워 집으로 돌아와 '나를이불로 덮어 주오'라 말했고, 이에 하나님께서는 신성한 꾸란 구절을계시하셨습니다. "오 그대 이불을 덮은 종복이여, 일어나 하나님의 징벌을 백성들에게 경고하라…. 그리고 모든 오염을 멀리하라."

이 계시가 있은 후, 강력하고도 정기적인 계시가 주어졌습니다.[18]

두 번째 계시

무함마드 선지자에게 계시된 두 번째 부분은 꾸란 74장 수라 *Sūrah al-Muddathir* 1~5의 시작 부분입니다. 현재 이 장은 모두 56절로 구성되어 있는데 나머지 부분들은 나중에 계시되었으며 다음과 같이 시작합니다.

오 그대 이불을 덮은 종복이여, 일어나 하나님의 징벌을 백성들에게 경

---

18) Bukhārī, 1권, No.3의 끝부분.

고하라, 그대 주님을 찬미하고 정결을 지켜 오염을 멀리하라.

초기의 다른 계시들

여러 사람들이 꾸란 73장 수라 *Sūrah al-Muzzammil*을 그 다음 계시로 여깁니다. 어떤 사람들은 꾸란 1장 *Sūrah al-Fātihah*가 세 번째로 계시된 장이라고 이야기합니다.[19] 일부 보고에 따르면, 선지자가 마카에서 선포한 다른 초기 계시들 중에 꾸란 111장 *Sūrah al-Masad*, 81장 *Sūrah al-Takwir*, 87장 *Sūrah al-Ala*, 92장 *Sūrah al-Layl*, 89장 *Sūrah al-Fajr* 등이 있습니다. 이후로 계시는 계속되었습니다.

낙원과 지옥에 대한 언급이 있었고, 인류가 이슬람으로 돌아설 때까지 의 과정, 할랄과 하람[허용과 금기]에 관한 계시가 있었다…[20]

선지자는 마카와 마디나에서 약 23년 간, 즉 히즈라 10년(서력 632년)에 세상을 떠나기 바로 전까지 일생 동안 계시를 받았습니다.

마지막 계시

많은 무슬림 학자들은 마지막 계시가 꾸란 2장 *Sūrah al-Baqarah* 281절이라는 데에 동의합니다.

---

19) Suyūtī, *Itqān*, 1권, p.24.

20) 앞의 책.

너희가 하나님께로 돌아오게 될 날을 두려워할 것이니. 그때 모든 영혼은 자기가 행한 대로 보상받을 것이며, 아무도 불공평한 대우를 받지 않으리라.

어떤 학자들은 그것[마지막 계시]이 2장 282절 또는 278절이었다고도 말합니다. 세 구절 모두 한꺼번에 계시되었다는 의견도 있습니다. 선지자는 마지막 계시를 받은 9일 후에 이 세상을 뜨셨습니다.

오늘 그대들을 위한 종교를 완성하였고, 나의 은총을 이루었으며, 그대들을 위한 종교로 이슬람을 선택하였도다.

꾸란 5장 *Sūrah al-Maidah* 3절의 이 구절을 마지막 계시라 주장하는 학자도 있었는데 다수의 학자들은 그 주장의 타당성을 부인합니다. 왜냐하면 이 구절이 선지자의 마지막 순례 중에 계시되었기 때문입니다. 이 정보는 우마르가 전한 하디스에 근거합니다. 수유티는 꾸란 5장 *Sūrah al-Maidah*의 구절을 설명하면서, 이 구절 이후에는 아흐캄(*Aḥkām*, 법), 할랄(*Ḥalāl*, 허용), 하람(*Ḥarām*, 금지)에 관한 계시가 더 이상 나오지 않으며, 그 의미에서 이것이 종교의 '완성'이라고 합니다. 그러나 다가올 심판의 날을 상기시키는 계시는 이후에도 계속되었으며, 그 마지막 계시가 위의 구절입니다.[21]

---

21) Kamāl, Ahmad ʿAdil: *'Ulūm al-Qur'ān*, 카이로, 1974, p.18.

꾸란이 단계적으로 계시된 이유

꾸란은 23년에 걸쳐 단계적으로 계시되었으며, 단 한 번의 계시로 완성된 책이 아닙니다. 거기에는 여러 이유가 있습니다만 가장 중요한 이유는 다음과 같습니다.

- ❖ 선지자의 마음을 굳건히 하기 위해 지속적으로, 그리고 인도가 필요할 때마다 그에게 말씀을 전했습니다.
- ❖ 계시가 선지자에게 매우 힘든 경험이었기 때문에 그에 대한 배려로서 말씀을 전했습니다.
- ❖ 하나님의 법을 단계적으로 시행하기 위해서였습니다.
- ❖ 신자들이 계시를 더욱 쉽게 이해하고, 적용하며, 기억할 수 있게 하기 위해서였습니다.

제2장

꾸란 계시의 전승

꾸란에 담긴 계시는 많은 사람들을 통해 두 가지 형태, 즉 구두 전승과 서면 기록으로 전해져 왔습니다.

암기 및 구두 전승

선지자의 암기

계시의 전달은 암기(*Hifz*)를 통해 이루어졌으며, 선지자 무함마드는 천사 가브리엘이 계시를 전한 후 이를 기억에 남긴 최초의 인물이었습니다.

꾸란에 대해 그대의 혀를 서둘러 움직이지 말 것이니. 그것을 수집하고 공표하는 것은 우리 몫이라. 그러나 하나님께서 그것을 공표하였거든 그대는 그것을 따르도록 하라. (꾸란 75장 *Sūrah al-Qiyamah* 16-19절).

… 하나님으로부터 온 선지자, 경전을 실천하며, 순결하고도 거룩하게 지켰다.(꾸란 98장 *Sūrah al-Bayyinah* 2절)

동료들의 암기

그 다음 선지자는 계시를 선포하며 동료들에게 그 내용을 암기하도록 했습니다. 마카에서 꾸란을 공개적으로 낭송한 최초의 인물, 이븐 마수드(Ibn Masʿūd)의 사례는 이슬람 공동체(*Ummah*)의 초기 단계에서부터 계시를 기억해 암송하는 관행이 동료 교우들에 의해 수행되었음을 입증합니다.

…마카에서 선지자 다음으로 꾸란을 큰 소리로 낭독한 최초의 사람은 압둘라 빈 마수드(Abdullāh bin Masʿūd)였습니다. 선지자 동료들이 함께 오면서 마깜[*Maqām*, 카바 근처 이브라힘 발자취가 새겨진 돌]에 이르렀을 때 꾸라이시(Quraish) 사람들이 꾸란을 분명히 들은 바 없었다고 주장한다는 말을 주고받자, 이븐 마수드가 "자비의 주님이시며 자애를 베푸시는 하나님 이름으로" 라며 목소리 높여 읽기 시작했습니다. "꾸란을 가르쳐 주신 자애로우신 분…." 꾸란 55장 *Sūrah ar-Rahman* 1절을 낭송하자 사람들이 일어나 그의 얼굴을 때리기 시작했지만 그는 하나님의 뜻을 따라 계속해서 읽었습니다.[1]

아부 바크르(Abū Bakr) 또한 마카에 있는 자신의 집 앞에서 공

---

1) Guillaume. E.: *The Life of Muḥammad* (이하 Ibn Hishām으로 약칭), 런던, 1955. pp.141-2; Ibn Hishām, *Sīra al-nabī*. 카이로, 연대 미상, 1권, p.206.

개적으로 꾸란을 낭송했던 것으로 알려져 있습니다.[2]

선지자께서 암기를 장려함

계시 내용을 동료들의 기억에 보존하도록 기울인 선지자의 다양한 노력과 조치들에 대해 수많은 하디스가 존재합니다. 그 중에서도 다음 말씀이 아마도 가장 확실할 것입니다.

> 우스만 빈 아판('Uthmān bin 'Affān)이 선지자의 말씀을 전했습니다. "여러분(무슬림들)중에 가장 뛰어난 이는 꾸란을 배워 가르치는 교우입니다."[3]

또한 매일 드리는 예배에서 꾸란 낭송은 필수이며 많은 무슬림들이 계시의 구절들을 반복해 듣고 외워 예배 시 사용한다는 사실이 잘 알려져 있습니다. 선지자는 또한 동료들이 낭송하는 꾸란 귀절에 귀를 기울였습니다.

> 압둘라 빈 마수드(Abdullāh bin Mas'ūd)가 전했습니다. 선지자께서 말씀하셨습니다. "꾸란을 읽어 주기 바라오." 그래서 말씀 드렸습니다. "당신에게 계시된 것이건만 제가 읽어 드려야 하는지요?" 그러자 선지자께서 말씀하셨습니다. "나도 누군가가 다른 사람이 꾸란 읽어 주는 걸 좋아한다오." 그래서 나는 꾸란 4장 *Sūrah an-Nisa* 41절 "하나님께서 각 나라로부터 증인을 부르시고 너희를 이 백성에 대한 증인으로 부르

---

2) *Sirah* Ibn Hishām, 앞의 책.

3) Bukhārī, 6권, No. 546.

실 때 어떻게 되겠느냐?" 부분을 읽었습니다. 그때 선지자께서 "이제 그만!" 하셨습니다. 아, 그때 선지자의 두 눈에 눈물이 흘러내리고 있었습니다.[4)]

선지자께서 꾸란 선생들을 보내다

선지자는 다른 지역 공동체에 선생들을 파견하여 그들이 이슬람과 꾸란에 대한 가르침을 받을 수 있도록 했습니다. 무스아브 빈 우마이르(Mus'ab bin 'Umair)의 경우는 히즈라 이전부터 그래왔다는 사실을 보여 줍니다.

이 사람들(아카바의 첫 번째 서약자들)이 (마디나를 향해) 떠날 때, 선지자는 무스아브 빈 우마이르를 그들과 함께 보냈다. … 그리고 그들에게 꾸란을 읽어 주고 이슬람과 종교에 대해 가르치라고 지시했다. 마디나에서 무스아브는 '읽어 주는 이'라 불렸다.[5)]

또 다른 유명한 예가 예멘 사람들 교육을 위해 파견된 무아드 빈 자발(Mu'ādh bin Jabal)의 사례입니다.

동료들 중의 꾸란 낭독자

수유티[6)]는 이 계시를 암기한 20명 이상의 잘 알려진 인물들을 언급하고 있는데, 그중에는 아부 바크르, 우마르, 우스만, 알

4) Bukhārī, 6권, No. 106.

5) Ibn Hishām, p.199.

6) Itqān, 1권, p.124.

리, 이븐 마스우드, 아부 후라이라, 압둘라 빈 압바스, 압둘라 빈 아므르 빈 알-아스, 아이샤, 하프사, 움무 쌀라마 등이 있습니다. 이들 중에서도 선지자 자신은 특히 다음을 권했습니다.

마스루끄(Masrūq)가 압둘라 빈 마스우드를 언급하는 압둘라 빈 아므르 의 말을 전했다. "나는 압둘라 빈 마스우드, 쌀림(Salim), 무아드, 우바이 빈 카아브(Ubay bin Ka'b) 네 사람에게 꾸란을 배우라는 선지자의 말씀 을 들었기에 그들을 영원토록 사랑할 것이요."[7]

또 다른 하디스는 꾸란을 전부 암송하면서 선지자가 세상을 떠나기 전 그와 함께 꾸란을 검토한 동료들에 대해서도 설명합니다.

까따다(Qatāda)가 전했다. "나는 아나스 빈 말리크(Anas bin Mālik)에 게 선지자께서 계실 때 누가 꾸란을 수집했는지에 대하여 물었다." 그 가 대답했다. "네 사람 모두 안사르(Ansār) 출신인데 우바이 빈 카아브, 무아드 빈 자발, 자이드 빈 사비트(Zaid bin Thābit)와 아부 자이드(Abū Zaid)입니다."[8]

맨 처음의 역사적 기록들 중 일부가 전투에 대한 기록에서 꾸란을 암송하던 무슬림들이 전사했다는 점을 특별히 언급하고 있다는 사실은, 계시를 암송하는 일이 초기부터 매우 중요시되

---

7) Bukhārī, 6권, No. 521.

8) Bukhārī, 6권, No. 525.

었으며 널리 실천되었음을 명확히 보여 줍니다.[9]

선지자의 생애 동안 암기된 꾸란

그러므로 꾸란은 선지자가 세상을 떠나기 전에 그의 동료들에 의해 암송되었다는 것이 분명합니다. 이 전통은 선지자가 세상을 떠난 후에도 그의 동료들 사이에서, 그리고 그 이후 후계자들과 그들에 이은 모든 세대의 무슬림들 사이에서 오늘날까지 이어져 왔습니다.

문서의 전달: 선지자 무함마드 시대의 문헌

잠 알 꾸란의 의미

잠 알-꾸란(*Jam al-Qur'ān*)은 일반적으로 '꾸란을 한 데 모은다'는 의미를 가집니다. 이것은 두 가지 방식으로 진행되었으며 다음과 같이 이해해야 합니다.

- ❖ 꾸란을 구전으로, 또는 마음속으로 모으는 것(*Hifz*).
- ❖ 꾸란을 글로 쓰거나, 조각으로 새기거나, 책으로 엮는 것.

그러므로 고전 문헌에서 잠 알-꾸란은 다음과 같은 다양한 의미를 가집니다.

---

9) 아부 바크르 시대의 꾸란 수집을 참조하십시오.

- ❖ 꾸란을 암기하는 것.
- ❖ 모든 계시를 기록하는 것.
- ❖ 꾸란이 쓰여진 자료들을 한 데 모으기 위한 것.
- ❖ 꾸란을 암기한 사람들의 보고를 모으기 위한 것.
- ❖ 구두와 서면으로 된 모든 출처를 한 데 모으기 위한 것.

꾸란은 어떻게 수집되었는가?

수유티의 '이뜨깐(*Itqān*)'에 따르면, 꾸란은 선지자 시대에 완전히 기록되었지만 한 곳에 모아지지는 않았으며, 그래서 이 기록들이나 문서들이 순서대로 정리되지는 않았다고 합니다.[10] 그러나 이 말은 꾸란의 순서와 장(章, 수라, *Sūrah*)의 배열이 선지자에 의해 결정되었으며 구두 전달로 보호되었다는 사실을 배제하지 않습니다.

수집 단계

기록된 문서에 관해서는 다음과 같은 세 단계를 구분할 수 있습니다:

1. 선지자 시대
   - ❖ 사람들의 마음 속에 암기
   - ❖ 도구에 의한 기록
2. 아부 바크르 시대

---

10) *Itqān*, 1권, p.41.

3. 우스만 시대

선지자가 책을 남기지 않은 이유

선지자 무함마드는 그의 계시를 한 권의 책으로 정리하여 동료들에게 제시하지 않았습니다. 여기에는 몇 가지 이해할 만한 이유가 있었습니다.

❖ 계시가 한 번에 내려진 것이 아니라 시차를 두고 선지자의 생애가 끝날 때까지 계속 이어졌기 때문입니다.
❖ 계시 과정에서 일부 구절이 폐지되어 융통성을 유지할 필요가 있었기 때문입니다.
❖ 절과 장이 항상 완결적 순서로 나타나지 않아 나중에 배열되었습니다.
❖ 선지자는 마지막 계시를 받은 후 오직 9일 동안 생존했으며, 심하게 앓았습니다.
❖ 선지자 시대에는 꾸란에 대한 논쟁이나 마찰이 없었으며, 그 후 선지자가 최종 권위자로서 더 이상 활동할 수 없게 되었을 때 전개되었습니다.

계시의 기록

선지자 당시 아라비아 사람들 사이에서 글 쓰는 일이 일반적이지는 않았지만, 실제로 글을 쓴 사람들도 있었다고 전해집니다. 예를 들어, 카디자의 사촌 와라카(Waraqah)는 이슬람 이전 시대에 그리스도교로 개종했으며, 하나님께서 그에게 원하시는 대로 아랍어를 쓰고 또 아랍어로 복음서를 썼다고 전해집니다.[11] 선지자 자신도 무슬림들에게 글쓰기를 배우도록 격려하는 데 많은 노력을 기울였습니다. 바드르 전투에서 포로로 잡혔던 쿠라이쉬 사람 중 일부는 몇몇 무슬림들에게 글쓰기를 가르친 후 자유를 되찾았다고 합니다.[12]

선지자가 직접 기록했는가?

선지자 무함마드가 글을 쓸 줄 알았는지는 확실치 않지만, 학자들 사이에 무함마드 자신이 계시를 직접 기록하지 않았다는 의견은 이견이 없습니다. 꾸란은 분명히 말합니다.

> 그리고 그대(오, 무함마드여)는 그 이전의 어떤 경전도 읽지 않았으며, 그대의 오른손으로 그것을 기록하지도 않았음에, 이는 거짓된 자들이 의심하는 것이라.(꾸란 29장 *Sūrah al-Ankabūt* 48절)

꾸란은 또한 무함마드를 '배우지 못한 선지자'로 여러 번 언급하는데. 일부 학자들은 이를 그가 읽거나 쓸 줄을 몰랐다는 의미로 해석합니다.

> 배우지 못한 선지자를 따르는 이들….(꾸란 8장 *Sūrah al-Anfal* 157절)

---

11) Bukhārī, 6권. No. 478.

12) *Ṭabaqāt* Ibn Saʿd, 2권 (2), p.19.

그의 공동체 역시 '배우지 못한' 집단으로 묘사되었습니다.

배우지 못한 이들 가운데서 선지자를 보내신 분, 바로 그분이시도
다.(꾸란 62장 *Sūrah al-Jumuah* 2절)

선지자 생애 중에 쓰여진 꾸란

많은 무슬림들이 꾸란 일부나 전체를 암송하여 구전했으며,
그 내용들이 선지자 생애 동안에 기록되었다는 사실에는 의심
의 여지가 없습니다. 우마르('Umar)의 입교에 관한 잘 알려진 내
용에 따르면, 계시의 많은 구절들이 매우 이른 시기, 즉 히즈라
이전, 선지자가 아르캄(Arqam)의 집에 머무는 동안 마카에서 이
미 기록되었음을 보여 줍니다. 우마르가 선지자 무함마드를 죽
이기 위해 나섰는데, 누군가가 그에게 이슬람이 이미 그[우마르]
의 가족으로 퍼져 나갔다고 말하면서 그의 처남, 조카, 여동생
이 모두 무슬림이 되었다고 알렸습니다. 여동생 집으로 간 우마
르는 여동생과 남편, 또 다른 무슬림이 함께 있는 것을 보았습니
다. 말다툼이 벌어졌고 우마르는 여동생과 처남을 난폭하게 공
격했습니다. 그때 그들이 우마르에게 말했습니다.

"그래요, 우리들은 무슬림이고 하나님과 그분의 선지자를 믿
으니 당신 하고 싶은 대로 해 보세요."

여동생에게 피가 흐르는 것을 본 우마르는 자신이 한 일을 후
회하며 돌아서서 누이에게 말했습니다.

"무함마드가 가져온 것이 무엇인지 나도 볼 수 있게 너희들이

읽던 장을 나에게 보여 달라."

우마르는 이미 글을 읽을 줄 알았기 때문입니다. 여동생은 그의 말을 믿고 맡기길 두려워했습니다. 그가 "두려워하지 말라"며 그것을 읽은 후 반드시 돌려주겠다고 신들에게 맹세했습니다. 그 말을 들은 여동생은 그가 무슬림이 될 것이라는 희망을 가지고 비로소 말했습니다.

"오빠, 오빠가 믿는 다신교를 부정하고, 오직 정결한 사람만이 그것을 만질 수 있습니다."

이에 우마르는 일어나 몸을 씻고, 그녀는 꾸란 20장 *Sūrah Ta Ha*가 적힌 장을 건네주었는데, 앞 부분을 읽은 그가 말했습니다.

"이 얼마나 훌륭하고 고귀한 말씀인가!"[13]

선지자가 받아 쓴 꾸란

꾸란은 오직 동료들에 의해 자발적으로 기록된 것만은 아니었습니다. 실제 선지자는 계시가 내려질 때 서기들을 불러 받아 적게 했습니다. 선지자가 마디나에서 지내는 동안 그러한 서기들이 몇몇 있었는데,[14] 그중에서도 자이드 빈 사비트(Zaid bin Thabit)는 가장 잘 알려진 인물입니다.

---

13) Ibn Hishām, pp. 156-7.

14) 아자미(M. M. A'zami)는 그의 저서 *Kuttāb al-Nabī*(베이루트, 1393/1974)에서 선지자를 위해 글을 썼던 48명의 인물을 언급합니다.

알-바라(al-Barā)가 전하길, 집에 앉아 있는 신자들과 하나님의 길에서
힘써 노력하는 이들은 동등하지 아니하나니(꾸란 4장 *Sūrah an-Nisa* 95
절)"하고 계시되었습니다. 선지자가 말했습니다. "자이드를 불러 잉크
와 판(또는 뼈조각)을 가져오게 하시오." 그리고 말씀하셨습니다. "받아
적도록 하게, 믿는 이들은 동등하지 아니하나니…."[15]

또한 계시가 기록된 자료들이 선지자의 집에 보관되었다고
전해집니다.[16]

선지자 생애 동안 기록됨

다른 보고서에 따르면, 사람들이 이슬람을 배우기 위해 마디
나를 방문했을 때, 그들은 '꾸란의 장들을 마음으로 읽고 외울
수 있도록 꾸란' 사본을 받았다고 전해집니다.[17] 선지자 생애
동안 꾸란이 기록 문서로 존재했다는 추가 증거는 다음과 같은
기록에서 찾을 수 있습니다.

압둘라 빈 아부 바크르 빈 하즘(Abd Allāh b. Abū Bakr b. Ḥazm)이 전하
길, 하나님 선지자가 아므르 빈 하즘('Amr b. Ḥazm)에게 전한 책자에는
청결하지 못한 상태에서 꾸란을 만져서는 안 된다는 내용을 담고 있었
다.[18] 하나님의 선지자가 아므르 빈 하즘을 위해 적어 준 책에 따르면

---

15) Bukhārī, 6권, No. 512, 그리고 6권, No. 116-118.

16) Suyūti, *Itqān*, 1권, p.58.

17) Hamīdullah, M.: *Saḥīfa Hammām ibn Munabbih*, 파리, 1979, p.64.

18) *Muwaṭṭa'*, No. 462.

누구라도 깨끗한 상태가 아닐 때에는 꾸란에 손 대지 말아야 한다면서 말리크(Mālik)가 말했다. "그리고 깨끗하지 못한 상태에서는 아무도 무스하프(Muṣḥaf, 꾸란)를 끈으로 묶거나 베개 위에 올려놓아서는 안 된다. 그리고 설령 이것을 덮개에 싸서 가지고 다니는 것이 허용된다 할지라도, 만약 그것을 운반하는 두 손에 무스하프를 오염시키는 것이 있다면 꾸란에 대한 영예와 존중함을 잃을 것이니 불쾌하게 될 것이다." 말리크가 말했다. "내가 이 문제에 대해 들은 내용 중 가장 훌륭한 구절은 이것이다. '깨끗한 이들만 만질 수 있으리라.'"(꾸란 56장 *Sūrah al-Waqiah* 79절)[19]

무왓타(*Muwatta*)의 주석은 선지자에 의해 기록(물론 선지자가 지시했다는 의미)되었다고 언급된 책이 이슬람을 가르치기 위해 예멘으로 떠난 몇몇의 무슬림들과 함께 보내졌다고 설명합니다.[20] 이런 맥락에서 꾸란 56장 *Sūrah al-Waqiah* 79절은 계시로부터 가르침을 받은 사람들이 책이나 기록물의 형태로 실제 이용했다는 사실을 분명하게 설명합니다.

… 만유의 주님으로부터 계시되어 영예로우며 잘 보호되는 책, 꾸란은 깨끗함을 지키는 이들 외에 아무도 건드리지 못하리.(꾸란 56장 *Sūrah al-Waqiah* 77-80절)

마찬가지로, 즉 꾸란이 선지자의 생애 동안 기록된 문서로서

---

19) *Muwaṭṭa'*, Arabic, p.204.

20) 앞의 책.

존재했다는 사실은 다음과 같은 하디스에 의해 증명됩니다.

이븐 우마르에 의하면, … 하나님 선지자가 말하길, "꾸란을 지니고 여행 떠나지 마십시오. 꾸란이 적의 수중에 넘어갈까 걱정됩니다."[21]

이 하디스가 서면 문서에 관한 내용이라는 사실은 이 내용을 전한 사람에 의해 뒷받침됩니다. 아이유브(Ayyūb, 이 내용을 전한 연결고리에 있는 사람들 중 한 사람)가 전했습니다.

"적들이 이를 탈취하고는 그 내용을 두고 당신과 논쟁하겠지요."[22]

뿐만 아니라 부카리는 이 내용의 (일반적으로 추가 정보를 포함하는)장 제목에서 다음과 같이 설명합니다.

이븐 우마르가 말했다. "선지자께서는 동료들과 함께 적성 지역을 여행하셨는데 그 당시 꾸란에 관해 아셨으리라는 점은 의심의 여지가 없다."[23]

선지자 생애 동안 계시의 수집

무슬림들이 구름 떼처럼 모인 마지막 순례에서 선지자는 대중을 향해 말했습니다.

---

21) Muslim, 3권, No. 4609, 그리고 4607,4608; Bukhārī, 4권, No. 233.

22) Muslim, 3권, No. 4609.

23) 즉, 그들도 무슬림들이 꾸란을 (책으로)들고 다녔다는 사실을 알고 있었습니다. Bukhārī 4권, p.146, Ch.129.

"여러분을 위하여 남겨 놓는 것이 있으니 여러분이 굳게 붙잡는다면 결코 잘못된 길로 빠져들지 않을 것임에 여기 명백한 표시로서 하나님의 책(*Kitāb*, 기록)과 선지자의 실천이 있습니다."[24]

무슬림들에게 보낸 선지자의 이 충고는 그 계시가 그가 죽기 전에 키타브(*Kitāb*, 기록)로 있었음을 암시하는데, 만약 그렇지 않았다면 그는 그것을 다른 용어로 언급했을 것이기 때문이었습니다. 우리는 다른 보고들을 통해서도 계시가 기록될 당시 선지자가 그 계시의 실제 배치를 직접 처리했다는 결론을 내릴 수 있습니다.

자이드(Zaid)가 전하길, 우리는 선지자의 앞에서 꾸란의 단편들을 편집하고는 했지요.[25] 우스만이 말하기를, 후기에 들어 어떤 계시가 내려왔을 때 선지자가 서기들을 불러 지시했습니다. "이것과 이것이 들어 있는 장에 이 절을 넣고, 오직 하나의 절이 계시되었을 때에는 이것과 이것이 언급된 장에 이 절을 넣도록 하십시오."[26]

이는 계시가 선지자의 생애 동안 기록되었을 뿐 아니라, 선지자 자신이 그 자료의 배열에 대한 지시를 내렸음을 나타냅니다. 또 다른 보고들에 따르면 모든 절의 적절한 순서와 배열은 선지

---

24) Ibn Hishām, p.651.

25) *Itqān*, 1권, p.99; Sālih, p.69.

26) Jeffery, A가 [이븐 다우드(Ibn Abī Dāwūd)의 *Kitāb al-Maṣāḥif*(약칭 Ibn Abī Dāwūd, Maṣāḥif)를 포함하여] 저술한 *Materials for the history of the text of the Qur'ān*(라이덴, 1937) 31쪽을 참조하십시오.

자의 동료들에게 잘 알려져 있었으며 어느 누구도 이를 함부로 손댈 생각이 없었음이 또한 분명합니다.

이븐 주바이르(Ibn Az-Zubair)가 전하기를, 내가 우스만에게 꾸란 2장 *Sūrah al-Baqarah*의 구절 중 "그대들 중 아내를 남겨 두고 죽는 자들…. 그들을 쫓아내지 않고서"라는 내용은 다른 구절에 의해 폐지되었는데, 어째서 꾸란 내용에 그냥 남겨두었습니까? 하고 물었습니다. 우스만이 답했습니다. "내 형제의 아들이여, 나는 그것(꾸란)의 어떤 내용도 원래 위치에서 옮기지 않을 것이기 때문이다."[27]

마찬가지로, 꽤 여러 보고들이 다양한 장들의 이름이나 내용의 언급으로 시작합니다. 이 점에 대하여 두 가지 예로 충분히 설명할 수 있습니다.

아부 후라이라(Abū Hurairah)가 전하길, 선지자는 금요일 새벽 예배(*Fjr*, 파즈르)에서 다음 구절을 낭송하곤 했습니다. "알리프 람 밈 탄질(*Alif Lām Mim Tanzīl*, 세상의 주님으로부터 계시되었습니다(꾸란 32장 *Sūrah as-Sajdah* 1절)." "할 아타 알라 알 인사니(*Hal-ata ala-l-Insani*, 인간이 언급되지도 않던 시절이 있지 않았던가(꾸란 76장 *Sūrah al-Insan* 1절)?"[28] 아부 후라이라가 말하길, 선지자는 새벽 예배에서 라카(꾸란 낭송이나 암송) 때에 읊으셨다. "말하라 불신자들이여(99장)", "말하라. 그분께서는 오직 한

---

27) Bukhārī, 6권. No. 60.

28) Bukhārī, 2권. No. 16.

분이신 하나님이시니(112장)."[29]

꾸란의 배열이나 순서에 대하여는 무슬림들이 선지자 마스지드나 그 밖의 장소에서 매일 예배 드리며 낭송하거나 암송을 해왔기에 물론 잘 알고 있었습니다. 여기에서 마지막으로 부카리 하디스(*Sahīh al-Bukhārī*)에는 세 군데 하디스에서 다음과 같은 사실을 알려 줍니다. 천사 가브리엘은 일 년에 한 번씩 선지자와 함께 꾸란을 낭송했는데 돌아가시는 해에는 두 번을 함께하였습니다. 선지자는 라마단 기간 동안 열흘씩 마스지드에서 밤 예배(*I'tikāf*, 이띠까프)를 근행했는데 돌아가시는 해에는 스무 날 동안 머물렀습니다.[30] 그렇기에 우리는 선지자의 생전에 계시를 문서로 수집하는 것을 보장했던 다음과 같은 조치들을 구분할 수 있습니다.

❖ 계시는 선지자가 부름받은 아주 초창기에도 기록되어 있었다.

❖ 마디나에서 계시가 주어졌을 때 선지자는 그것을 기록하는 몇몇 사람들을 두었다.

❖ 선지자는 직접 서기들에게 계시된 여러 구절들을 어디에 배치해야 하는지 지시했으며, 그렇게 순서와 배열을 결정했다.

---

29) Robson, J. 번역, *Mishkat al-Masabih*, 라호르, 1963. 1권, pp.172-173, Tabrizi, *Mishkat al-masabih*, 베이루트, 1961, 1권. No, 842.

30) Bukhārī, 6권, No. 520뿐 아니라 No. 518, No. 519를 참조하십시오.

❖ 이 순서와 제도는 무슬림들에게 잘 알려져 있었으며 그들에 의해 엄격하게 지켜졌다.

❖ 천사 가브리엘은 매년 라마단 달에 무함마드와 함께 모든 계시를 복기했는데, 선지자가 사망하던 해에는 두 번 복기했다.

❖ 선지자의 생애 동안 책이나 문서(키타브)의 형태로 기록된 꾸란의 존재에 대한 수많은 보고들이 있다.

선지자는 무엇을 남겼을까?

선지자가 세상을 떠나면서 계시 내용을 남긴 방식은 동료들에게 매우 적절했습니다.

❖ 계시의 모든 부분은 동료들에 의하여 기록이나 기억의 형태로 존재했다.

❖ 모든 조각들이 올바른 순서대로 쉽게 배열할 수 있게 여유를 두고 써 있다.

❖ 고정된 장 내 절의 순서가 이미 기록된 형태로, 그리고 동료들의 기억 속에서 고정되었으며, 장들의 순서도 동료들의 기억 속에서 이미 확립되었다.

모든 것이 손에 잡히는 기록의 형태로서뿐 아니라 무슬림들의 기억 속에 존재하고, 그 순서와 배열의 일부는 기록으로, 나머지는 사람들의 기억 속에 이미 완전히 확립되어 있는 것보다 더 나은 배열이 어떤 게 있겠습니까? 그러한 까닭으로 후대 학자인 알–하리스 알–무하시비(al-Ḥārith al-Muḥāsibī)는 자신의 저서 ≪키따브 화흠 알–수난(*Kitāb Fahm al-Sunan*, 보편 법칙 이해의 책)≫에서 꾸란 기록의 자료 수집 첫 번째 단계를 이런 말로 요약했습니다.

> 꾸란을 적는다는 건 선지자가 늘 기록을 지시했기에 새로운 일이 아니었지만, 그것들은 각각 가죽이나 어깨 뼈, 야자나무 껍질 등 서로가 다른 조각으로 되어 있었다. (아부 바크르)알–시디끄가 흩어져 있는 조각들을 한군데 모아 놓도록 명령했을 때, 이 자료들은 꾸란이 펼쳐져 있던 선지자의 집에서 찾을 수 있었는데, 그는 그것들을 모두 모아 끈으로 묶어 하나라도 잃어버리지 않게 했다.[31]

꾸란 본문(텍스트 기록)의 역사를 다른 성서들의 역사와 비교할 수 없음은 분명합니다. 예컨대 구약이나 신약의 경우는 오랜 기간, 때로는 수세기에 걸쳐 작성, 편집, 수정되었지만 꾸란 본문은 계시가 그친 후 오늘날까지 변하지 않고 동일하게 남아 있습니다.

수후프와 무스하프

수후프(*Ṣuḥuf*)와 무스하프(*Muṣḥaf*), 두 단어는 모두 같은 어근인 사하파(*Ṣaḥafa*, 쓰다)에서 파생했습니다. 수후프는 또한 꾸란 87장(*Sūrah al-Ala*) 19절에도 나오는데, 이는 경전 또는 기록물을

---

31) Suyūtī, *Itqān*, 1권, p.58.

의미합니다. 수후프는 예컨대, 사히파(Ṣaḥīfah)처럼 종이, 피부, 파피루스 등과 같은 묶이지 않은 형태의 기록 자료들이며, 무스하프(복수형, Maṣaḥif)는 두 표지 사이에 묶여 한 권의 책으로 만들어진 수후프들을 의미합니다. 꾸란 본문의 기록 역사에서 수후프는 아부 바크르가 당시 수집한 꾸란 내용들을 뜻합니다. 이 수후프에서 각각의 장 속의 절들은 그 배열들이 정해져 있었지만 여전히 [묶이지 않은]느슨한 상태로 아직까지는 한 권의 책으로 엮여 있지 않았습니다.

오늘날 문맥에서 무스하프라 함은 우스만이 당시 수집한 꾸란 기록을 뜻합니다. 여기서 각 장의 절과 기록물의 모든 배열이 고정되었습니다. 현재 우리는 절과 장의 순서가 고정되어 있는 꾸란의 모든 사본을 역시 무스하프라고 부릅니다.

수후프는 어떻게 만들어졌는가

기록에 따르면, 아부 바크르 당시 야마마(Yamāma) 전투(히즈라 11년/서기 633년)에서 꾸란을 암기하던 많은 무슬림들이 세상을 떠났다는 사실을 알려 줍니다. 그렇기에 꾸란 사본이 준비되지 않으면 계시의 상당 부분이 손실될 수 있다는 우려가 있었습니다. 부카리 하디스(Ṣaḥīḥ al-Bukhārī)에서 설명합니다.

계시 기록자 중 한 사람인 자이드 빈 사비트 알-안사리(Zaid bin Thabit al-Anṣārī)가 전하길, 야마마 전투의 용사들 중 사상자가 많이 발생하자 아부 바크르가 나를 불러들였다. 그 자리에 우마르와 함께 있었던 아부 바크르가 내게 말했다. "우마르가 전하기를 야마마에서 전투가 있던 날 많은 사상자가 생겼고, 또 다른 지역에서도 꾸라(마음속으로 꾸란을 암기하는 사람) 중 여러 동료들이 목숨을 잃었으니, 누군가 이를 모아 두지 않으면 꾸란의 많은 부분을 잃게 될까 봐 걱정이구려. 나는 그대가 꾸란 수집을 해야 한다고 생각하오." 아부 바크르가 부연했다. "내가 우마르에게 '하나님의 선지자조차 하지 않았던 일을 어떻게 내게 하라는 거요?' 물었소. 우마르가 답하길 '하나님께 맹세하나니, 이는 (진실로)훌륭한 일입니다'라고 답하면서 자신과 같은 생각이 들 때까지 우마르가 나를 계속 설득했는데, 이윽고 하나님께서 나의 가슴을 열어 주시어 이제는 나 역시 우마르와 의견을 같이 하오." (자이드 빈 사비트가 계속 전하길)우마르는 자기 자리에 앉은 채 아무런 말도 하지 않았다. 아부바크르가 내게 말했다. "그대는 슬기로운 젊은이로서 우리는 그대를 (거짓되거나 부주의하다고)의심하지 않으며, 또한 하나님의 선지자께 계시된 성령을 받아 적고는 했으니 부디 꾸란을 (한 권으로)수집하는 일을 맡아주기 바라오." 하나님께 맹세코! 만약에 아부 바크르가 산을 그 자리에서 들어올리라 했을지라도 나에게는 꾸란을 수집하라는 명령보다 어려운 일이 아니었을 것이다. 나는 두 사람에게 말했다. "어떻게 두 분은 선지자께서 하시지도 않았던 일을 저에게 감히 맡기시려는 겁니까?" 아부 바크르가 말했다. "하나님께 맹세하나니 이는 (진실로) 훌륭한 일이요." 따라서 나는 하나님께서 아부 바크르와 우마르의 가슴을 열어 주셨듯 내 마음도 열어 주실 때까지 두 사람과 이에 대해 논쟁을 벌였다. 이윽고 나는 양피지와 뼈 조각, 나무껍질과 줄기, 그리고 마음속에 암기하는 사람들로부터 꾸란 수집을 시작했는데, 그 누구에게서도 찾을 수 없던 9장 *Sūrah at-Taubah*의 두 구절을 쿠자이마(Khuzaima)로부터 찾을 수 있었다. "진정, 그대들 중에 선지자가 나와 그대들에게 갈 것임에, 그대들의 고통을 슬퍼하면서 아끼며 주님 인도를 배려하는도다 (꾸란 9장 *Surah at-Taubah* 128절)."

수집된 꾸란 사본들은 하나님께서 그를 부르실 때까지 아부 바크르와 함께 있었고, 또 다시 하나님께서 데려가실 때까지 우마르에게 있다가 이윽고는 우마르의 딸 하프사(Ḥafṣah)에게 남았습니다.[32] 그럼으로써 우리는 수후프가 준비된 과정을 단계별로 구별할 수 있습니다.

❖ 자이드는 아부 바크르로부터 꾸란을 수집하라는 지시를 받았다.
❖ 자이드는 다양한 기록과 사람들의 기억으로부터 이들을 수집했다.
❖ 이렇게 준비된 기록들은 아부 바크르, 그 다음에는 우마르, 그 다음에는 하프사에게 보관되었다.

동료들의 무스하프들

하디스 문헌에는 선지자의 동료들 중 몇 명이 계시를 직접 수

---

32) Bukhārī, 6권, No. 201.

집하고 기록했다는 많은 흔적이 있습니다.[33] 이들 중에서 가장 잘 알려진 교우들은 이븐 마스우드, 우바이 빈 카아브, 자이드 빈 사비트입니다.[34] 자신이 직접 기록하거나 수집에 관련되었다는 동료들의 명단은 다음과 같습니다. 이븐 마스우드, 우바이 빈 카아브, 알리, 이븐 압바스, 아부 무사, 하프사, 아나스 빈 말리크, 우마르, 자이드 빈 사비트, 이븐 알-주바이르, 압둘라 이븐 아므르, 아이샤, 살림, 움므 살라마, 우바이드 빈 우마르.[35] 또한 아이샤와 하프사는 선지자가 세상을 떠난 후 자신들이 기록했다는 사실도 알려져 있습니다.[36]

다음은 선지자 동료들이 기여한 몇몇 기록물 무스하프들에 대한 매우 간략한 설명이며 모든 정보는 고전 자료에 근거합니다.[37]

---

33) Suyūti, *Itqān*, 1권, p.62.

34) Dodge, B.의 저서 *The Fihrist of al-Nadim*(뉴욕, 1970, 약칭 Asfihrist), 53-63쪽을 참조하십시오.

35) Ibn Abī Dāwūd의 Maṣāḥif, 14쪽을 참조하십시오. Ansari, M.의 『무슬림 사회 구조와 꾸란 재단(The Qur'ānic Foundations and Structure of Muslim Society)』(카라치, 1973)는 다양한 출처(1권, 76쪽, 주석 2)를 바탕으로 적어도 선지자의 일생에 15개의 꾸란 사본이 존재한다고 말합니다. 위에 인용된 15명 이외에도 아부 바크르(Abū Bakr), 우스만('Uthmān), 무아드 이븐 자발(Muʿadh b. Jabal), 아부 다르다(Abū Dardāʾ), 아부 아이유브 안사리(Abū Ayyūb Ansārī), 우바다 이븐 알-사밋('Ubāda b. al-Sāmit), 타밈 다리(Tamīm Dari) 등이 있습니다. 이렇게 되면 선지자가 살아 있는 동안 존재했던 꾸란 필사본이 총 23권이었음을 의미합니다.

36) Rahimuddin, M. 번역, Muwaṭṭā Imām Malik, 라호르, 1980, No. 307,308. Mālik b. Anas, al-Muwaṭṭāʾ, 카이로, 연대 미상, p.105.

37) 자세한 사항은 Ibn Abī Dāwūd 및 Fihrist와 Itqān을 참조하십시오.

이븐 마스우드의 무스하프

이브 마스우드(히즈라 33년/서력 653년 타계)는 1장, 113장, 114장이 포함되지 않은 무스하프를 기록했습니다. 이븐 알-나딤(Ibn al-Nadīm)[38]은 이븐 마스우드의 꾸란 복사본을 본 적 있는데 거기에는 1장 알-파티하(al-Fātiḥah)가 들어 있지 않았다고 했습니다. 장의 배열도 우스만의 본문과 달랐습니다. 다음은 이븐 마스우드의 사본에서 나타난 장의 순서입니다.[39]

2, 4, 3, 7, 6, 5, 10, 9, 16, 11, 12, 17, 21, 23, 26, 37, 33, 28, 24, 8, 19, 29, 30, 36, 25, 22, 13, 34, 35, 14, 38, 47, 31, 35, 40, 43, 41, 46, 45, 44, 48, 57, 59, 32, 50, 65, 49, 67, 64, 63, 62, 61, 72, 71, 58, 60, 66, 55, 53, 51, 52, 54, 69, 56, 68, 79, 70, 73, 74, 83, 80, 76, 75, 77, 78, 81, 82, 88, 87, 92, 89, 85, 84, 96, 90, 93, 94, 86, 100, 107, 101, 98, 91, 95, 104, 105, 106, 102, 97, 110, 108, 109, 111, 112.

분명 이 목록은 완전하지 않습니다. 이븐 알-나딤의 말처럼 110개가 아닌 106개의 장만 들어 있습니다. 2장 수라 알-바카라를 예로 들면, 총 101개의 차이가 있는데, 대부분은 철자법, 일부 단어(동의어)의 선택, 조항의 사용 등과 관련된 것입니다.

이 보고를 신뢰할 만하다고 가정한다면, 이븐 마스우드의 사

---

38) Fihrist, 1권, pp.57-8.

39) Fihrist, 1권, pp.53-7.

본은 114장 모두 계시되기 전에 자신의 개인적 사용을 위해 준비되고 작성되었을 것입니다. 10세기(히즈라 4세기)경에 살았던 나딤도 이렇게 덧붙였습니다.

> 나는 필사자들이 이븐 마수드의 사본이라고 기록했던 꾸란 사본을 많이 보았는데 그중 어느 것도 두 권이 일치하는 내용은 없었을 뿐더러 대부분은 심하게 지워진 양피지에 새겨져 있었다…[40]

이 주석은 이븐 마스우드 사본의 진위 문제에 대한 의문이 어느 정도 조심스럽게 다루어질 필요가 있음을 시사합니다.

우바이 빈 카아브의 무스하프

우바이 빈 카아브(히즈라 29년/서력 649년 타계)가 기록한 무스하프에는 두 개의 '추가 장'과 또 다른 '추가의 절'이 발견되었다고 합니다.[41] 그리고 장의 순서는 우스만은 물론 이븐 마스우드

---

40) Fihrist, 1권, p.57.

41) Itqān, 1권, 65쪽, Ibn Abī Dāwūd의 Maṣāḥif 180-181쪽, 그리고 Noldeke, T. 등이 집필한 Geschichte des Qorans(라이프찌히 1909-1938, 이하 GdQ) 2권, 33-38쪽. 이른바 '알-칼(al-Khal, 구분, 분리)'이라는 이름의 첫 번째 장은 다음과 같이 번역됩니다. "하나님이시여, 용서와 도움을 간청하며, 찬미 올리고 분신하지 않음에, 당신께 죄짓는 자로부터 구분하여 떨어집니다". 이른 바 '알-하프드(al-Ḥafd, 서두름)'라는 제목의 두 번째 장은 다음과 같이 번역됩니다. "하나님이시여, 우리는 주님을 경배하며 예배 드리고 경배하며 서둘러 주님께로 달려가 섬깁니다. 주님 자비를 바라면서 처벌을 두려워합니다. 주님 처벌은 분명 불신자들에게 도달할 것입니다." 이 두 내용은 이른바 '쿠누트(Qunūt)', 즉 선지자가 새벽 예배나 위트르(Witr, 밤 예배)에서 때때로 낭송했던 꾸란 구절을 낭송한 후에 말했던 간구를 구성함이 분명합니다. 사실상 이는 하디스 모음집에 보고된 일부 '쿠누트'와 동일합니다. Nawawī의 al-Adhkār(카이로, 1955), 57-58쪽을 참조하십시오. 또 하나 추가된 구절의 번역은 다음과 같습니다. "아담의 자손에게 재물 넘치는 골짜기가 주어진다면, 그는 두 번째 골짜기를 바랄 것이고, 재물 넘치는 두 번째 골짜기가 주어진다면, 세 번째 골짜기를 요구할 테니, 먼

의 무스하프와도 또 다릅니다. 우바이 빈 카아브가 기록한 장의 순서입니다.[42)

1, 2, 4, 3, 6, 7, 5, 10, 8, 9, 11, 19, 26, 22, 12, 18, 16, 33, 17, 39, 45, 20, 21, 24, 23, 40, 13, 28, 27, 37, 38, 36, 15, 42, 30, 43, 41, 14, 35, 48, 47, 57, 52, 25, 32, 71, 46, 50, 55, 56, 72, 53, 68, 69, 59, 60, 77, 78, 76, 75, 81, 79, 80, 83, 84, 95, 96, 49, 63, 62, 66, 89, 67, 92, 82,91, 85, 86, 87, 88, 74?, 98?, 61, 93, 94, 101, 102, 65?, 104, 99, 100, 105, ?, 108, 97, 109, 110, 111, 106, 112, 113, 114.

다시 말하지만, 먼저 이븐 마스우드의 경우와 마찬가지로 이 목록은 불완전하며 꾸란의 114개 장을 모두 포함하지 않았습니

지 이외에는 아담 자손들의 배를 채우는 것이 없을 것이나, 하나님께서는 뉘우치는 이들을 용서하시리라". 다시 말하지만 이 내용은 선지자의 하디스로 알려져 있습니다(Bukhārī, 8권, 447번 참조). 이븐 압바스(Ibn ʿAbbās, 445번)와 우바이(ʿUbay, 446번)에 따르면 이 내용은 꾸란의 일부로 여긴 적이 있습니다. 그러나 우바이 자신은 꾸란 102장 *Sūrah al-Takathur* 1절이 계시된 이후 그들(즉 교우들)이 위의 내용을 꾸란 일부로 간주하지 않았던 점을 분명히 밝힙니다(Bukhārī, 8권, . 446번 참조). 우바이의 설명은 계시가 멈추었을 때 꾸란의 일부였던 것과 아닌 것에 대한 교우들 간 견해가 전혀 다르지 않았다는 점을 분명하게 보여 줍니다. 그리고 우바이의 필사본에서 생긴 이런 경우에서, 그것은 그의 개인적인 용도, 즉 개인적인 기록을 위한 필사본이었기에, 꾸란 자료와 필사본을 항상 구별하지 않았습니다. 왜냐하면 그것은 대중적으로 사용하기 위한 것이 아니었고, 그 자신이 노트 속에 무엇을 작성해야 할지 잘 알고 있었기 때문입니다. 개인 용도로 가지고 있던 또 다른 교우들의 꾸란 필사본들 역시 마찬가지입니다. 또한 이 교우들의 꾸란 사본에 대한 보고를 전달한 사람들은 자신들에게 전해진 꾸란의 일부분이 포함되어 있는 우바이 초기 상태의 여러가지 차이점(예컨대 부카리 하디스, 8권, 446번)만을 우리에게 설명했을 뿐입니다. 그러나 교우들의 꾸란 필사본은 우스만이 대중적으로 사용할 수 있도록 작성하여 배포한 필사본의 정확성과 유효성을 모두가 동의하였기에 전해지지 않고 있습니다. 따라서 그들 자신의 개인 소장품은 쓸모가 없어졌고 파괴되었습니다.

42) *Fihrist*, 1권, pp.58-60.

다. 우바이는 꾸란 2장 *Sūrah al-Baqarah*에서 총 93개의 차이를 보입니다.[43] 발음에 있어서는 시시때때로 이븐 마스우드와 같습니다. 예를 들어 꾸란 2장 70절에서 알-바카라(*al-Baqarah*)를 알-바키라(*al-Baqirah*)라고 읽습니다. 이븐 마스우드의 경우도 마찬가지입니다.

예)

구분	꾸란 장:절	이븐 마스우드	비교
발음	2:70	*al-Baqirah*	*al-Baqarah*
철자	2:19	*Kulla mā*	*Kullamā*
동의어	2:68	*Sal (seek, beseech)*	*Ud'u (beseech)*

이븐 압바스의 무스하프

이븐 압바스(히즈라 68년/서력687년 타계)도 무스하프를 기록했는데, 이트칸(*Itqān*)[44]에 따르면 여기에는 우바이에게 있던 두 개의 추가 장도 포함되어 있었습니다. 여기에서도 압바스의 각 장 배열은 다른 기록들과 차이가 있었습니다. 꾸란 2장 *Sūrah al-Baqarah*에서 그는 총 21개의 차이점을 보였는데 그중 일부는 이븐 마스우드와 우바이, 그리고 몇몇 다른 동료들과 동일합니다.

---

43) 다시 말하지만, 요점을 설명하기 위한 예로만 사용되었습니다.

44) 1권, p.65., Ibn Abī Dāwūd, *Maṣāḥif*, p.193.

그 밖의 동료들

이트칸에 따르면[45] 아부 무사 알-아슈아리(Abū Mūsā al-Ashʿari, 히즈라 44년/서력 664년 타계)의 무스하프는 우바이가 가지고 있던 기록과 같은 내용을 포함하고 있었습니다. 꾸란 2장인 수라 알-바카라에는 그가 이브라힘(Ibrahim) 대신 이브라함(Ibraham)으로 읽었다는 단 하나의 차이가 보고되었습니다. 같은 장에서 하프사(히즈라 45년/서력 665년 타계)에게는 3곳의 차이를 보이고, 아나스 빈 말리크(히즈라 91년/서력 709년 타계)에게는 5곳의 차이를 보입니다. 보다 자세한 설명을 위한 몇 가지 사례가 있습니다. 논의 중인 요점을 설명하기 위한 더 나은 사례가 존재할 수도 있겠지만, 꾸란 본문에 익숙하지 않은 분들은 쉽게 이해하지 못할 수 있기에, 가능한 한 모두에게 잘 알려진 장에서 가져왔습니다.

예)

❖ 모음의 차이

이븐 압바스는[46] 꾸란 111장 *Sūrah al-Masad* 4절에서 함마라딸 하따브(Ḥammālata-l-Ḥaṭab)를 하밀라뚜날 하따브(Ḥāmilatun al-Ḥaṭab)로 읽었습니다. 이것은 모음 부호와 장모음이 모두 생략된 초기 문장을 기반으로는 구별할 수 없기 때문이었습니다. 실제 아랍어 문구는 다음과 같습니다.

---

45) 1권, p.65., Ibn Abī Dāwūd, *Maṣāḥif*, p.210.

46) 앞의 책, p.208.

حَمَّالَةَ ٱلْحَطَبِ

❖ 철자의 차이

이븐 압바스는[47] 꾸란 1장 *Sūrah al-Fātihah* 6절과 다른 곳에서도 이흐디낫 시라(*Ihdina al-Sirat*)라는 단어 대신 아르시드낫 시라(*Arshidna al-Sirat*)로 썼다고 보고됩니다.

❖ 이븐 마스우드에 대한 몇몇 차이점[48]

1. 꾸란 1장 수라 알 파띠하(*Sūrah al-Fātihah*)

장:절	이븐 마스우드	비교
1:6	아르쉬드나(*Arshidnā*)	이흐디나(*Ihdinā*)
	만(*Man*)	알라디나(*al-Ladhīna*)
	가이라(*Ghaira*)	가이리(*Ghairi*)

2. 꾸란 2장 수라 알-바까라(*Sūrah al-Baqarah*)

장:절	이븐 마스우드	비교
2:2	딴지룰 키따부 (*Tanzīlu-l-Kitābi*)	다리칼 키따부 (*Dhālika-l-Kitābu*)
2:7	귀슈와뚠(*Ghishwatun*)	귀샤와뚠(*Ghishāwatun*)

---

47) 앞의 책, p.195.

48) 앞의 책, p.25.

장:절	이븐 마스우드	비교
2:9	야크다우나(*Yakhda'ūna*)	유카디우나(*Yukhādi'ūna*)
2:14	비 샤야띠니힘 (*bi-ShĀyātinihim*)	일라 샤야띠니힘 (*Ilā ShĀyātinihim*)

꾸란 112장 *Sūrah al-Ikhlās*의 차이점들

장:절	이븐 마스우드[49]	우바이드[50]	우마르[51]	일반적 표현
112:1	꿀(*Qul*)	꿀(*Qul*)	꿀(*Qul*)	ʿAli, Ibn ʿAbbās, Abū Mūsā, Ḥafṣah, Anas b. Mālik, Zaid b. Thābit,
	생략	생략	생략	Ibn Al-Zubair, Ibn ʿAmr.
112:2	생략			
112:3	람 얄리드 와람 유울라드(Lam Yalid wa Lam Yūlad) 대신 람 율라드 와람 율리드(Lam Yulad wa lam Yulid)–이븐 마스우드			ʿĀʾisha, Sālim, Umm Salama, ʿUbaid b. ʿUmar.

---

49) 앞의 책, p.113.

50) 앞의 책, p.180.

51) 앞의 책, p.222.

이런 차이점과 동의어들은 교우들이 소유한 꾸란 본문의 사본에서 오늘날까지 발견되며 이들이 초기 형성기의 꾸란 해석 형태로 사용되었을 수 있다는 의미에서 우리에게는 어느 정도의 가치를 가집니다. 몇몇 보고에 따르면, 예컨대 오후 예배 '살라트 알-아스르(Salāt al-'Asr)'는 하프사[52], 우바이[53], 이븐 압바스[54]에 의해 중간 예배 '살라트 알-우스타(Salāt al-Wustāh) 로 읽히고 기록되었습니다.

사하바(선지자의 교우)들이 개인적 용도로서만 자신들의 사본을 작성하는 한, 꾸란의 순서대로 장의 배열을 따르지 않더라도 아무 문제가 되지 않았습니다. 우스만의 기록이 표준으로서 결정되자 아마도 이 버전과 가장 차이점이 많다고 여겨졌던 이븐 마스우드를 포함한 교우들은 우스만이 기록한 순서 배열을 채택했습니다.[55]

앞서 지적했듯이 이 사본들을 읽는 데에는 어떤 단어에 철자법이나 발음 등에 조금씩 차이가 있는 것이 사실이지만,[56] 우리들이 반드시 알아야 할 점은 그 차이를 제출했던 사람이 단지 한 사람 혹은 많아야 두세 사람인데 반해 우스만의 기록은 무따와띠르(Mutawātir), 즉 대부분의 교우가 함께 전달하는 까닭에 이에

---

52) *Muwaṭṭa'* Mālik, Jeffery, p. 214.

53) Jeffery, p.122.

54) Jeffery, p.196.

55) Ibn Abī Dāwūd, p.12; Sālih, S., *Mabāhith fi 'Ulūm al-Q,urān*, 베이루트, 1964, p.83.

56) 아래의 일곱 가지 낭독(Seven Readings)과 낭송(키라앗 *Qira'āt*)을 참조하십시오.

대하여는 의심할 바가 없다는 사실입니다.

우스만의 무스하프

우스만 시대에 들어 꾸란 낭송에 있어 차이가 분명해지자 우스만은 당시 하프사에게 보관되어 있는 아부 바크르의 수후프(*Ṣuḥuf*)를 표준 삼기로 교우들과 협의했습니다.

부카리 하디스(*Ṣaḥīḥ al-Bukhārī*)는 이렇게 보고합니다.

아나스 빈 말리크가 전하길, 샴과 이라크 백성들이 아르미니야와 아다르비잔과 전쟁 중일 때 후다이파 빈 알−야만(Hudhaifa bin al-Yamān)이 우스만을 찾아왔다. 후다이파는 샴과 이라크 백성들이 서로 다르게 꾸란을 낭송하는 것을 걱정하며 우스만에게 말했다. "믿는 이들의 지도자시여! 저들이 옛날 유대인이나 그리스도교인들이 그랬던 것처럼 성서(꾸란)를 구분하기 전에 이 나라를 구하십시오." 이에 우스만이 하프사에게 전갈을 보냈다. "꾸란 필사본을 보내 주기 바라오. 그걸 한 권으로 완성시켜 되돌려 드리겠오." 하프사가 이를 보내자 우스만은 자이드 빈 사비트, 압둘라 빈 앗−주바이르, 사이드 빈 알−아스, 압둘라흐만 빈 하리스 빈 히샴에게 한 권으로 완성시키도록 지시했다. 우스만이 세 명의 꾸라이쉬 사람들에게 말했다. "만약 여러분이 꾸란의 어떤 점에서 자이드 빈 사비트와 생각이 다를 경우 꾸라이쉬 표현 방식으로 기록하세요. 꾸란은 그들 언어로 계시되었습니다." 그들이 지시대로 여러 권 만들었을 때 우스만은 원래 기록물을 하프사에게 돌려보냈다. 우스만은 새로운 기록물을 각 무슬림 행정 구역에 보내면서 다른 꾸란의 기록물들은 그것이 부분적 필사본이든 전체적 사본이든 모두 불태우도록 명령했다. 자이드 빈 사비트가 덧붙여 이르기를, "꾸란을 복사하면서 나는 하나님의 선지자께서 낭송하시던 걸 들은 적이 있던 꾸란 33장 *Sūrah al-Ahzab*의 한 구절을 잃어버렸기에 찾아다녔더니 쿠자이마 빈 사비트 알–안사리에게서 찾을 수 있었다. 그것은 바로 이 구절이다. "믿는 이들 중 하나님과의 서약에 충실한 이가 있도다(꾸란 33장 *Sūrah al-Ahzab* 23절)."[57]

우스만은 아래와 같은 과정으로 무스하프를 준비했습니다.

❖ 무슬림들 사이에 꾸란 낭송법에 대한 의견 차이가 벌어졌다.
❖ 우스만은 하프사가 보관하고 있던 수후프를 빌려왔다.
❖ 우스만은 자이드 빈 사비트를 포함한 네 명의 동료에게 완벽한 사본으로 필사본을 다시 쓰라고 명령했다.
❖ 우스만은 이 사본들을 무슬림들의 주요 중심지로 보내 당시 유통 중이던 다른 자료들을 대체했다.

---

57) Bukhārī, 6권, No.510.

필사본 연대기

약 610년경	무함마드의 선지자 등극	마운틴 히라 동굴에서 첫 계시	구두 전승 이후 문서로 기록
610-632	마카와 마디나 시기	수많은 경우에 걸쳐 계시가 지속됨	구두 전승 이후 많은 이들에 의해 암기되고 선지자의 직접 지시에 따라 여러 동료들이 계시를 기록
632년	선지자 사망	서거 몇일 전에 마지막 계시가 이루어짐 선지자의 서거 후 완전한 계시가 남겨짐	완전한 계시는 여러 동료들의 기억과 다양한 기록으로 남겨짐
632-634	아부 바크르 칼리프 통지		

633	아마마 전투에서 꾸란을 암송하던 여러 교우들이 전사	아부 바크르가 자이드 이븐 싸비트에게 완전한 계시의 단일 사본 준비 지시 / 선지자 서거 이후 1~2년 동안 모든 계시를 양피지에 필사함으로써 수후프 완성	자이드 이븐 싸비트가 모든 계시를 전승 자료와 기록 자료에서 모아 수후프를 정리하며, 각 부분마다 두 명의 증인을 요구. 완성된 수후프는 아부 바크르에 의해 보관
634-644	우마르 칼리프 통치		
644-656	우스만 칼리프 통치		
653	아르메니아와 아제르바이잔 원정	꾸란의 올바른 암송에 대해 무슬림들 사이에서 심각한 차이 발생. 우스만은 자이드와 세 명의 사하바에게 하프사가 보관한 수후프에서 사본을 준비하도록 지시. 완전한 계시의 여러 필사본이 무슬림 지역 전역에 보급	자이드와 세 명의 교우가 수후프에서 여러 새로운 사본을 준비. 이 사본들로써 당시 통용되던 다른 자료들을 대체하기 위해 여러 무슬림 지역으로 보내짐. 수후프는 다시 하프사에게 반환되고, 우스만 역시 하나의 사본(무스하프)를 보관

선지자가 무슬림들에게 남긴 것

선지자가 남긴 계시는 음성이나 다양한 자료 위에 필사본으로 기록되어 남겨졌습니다. 내재된 배열은 무슬림들에게 잘 알려져 있었으며 그들은 그 순서를 엄격하게 지켰습니다.

아부 바크르는 그 단편 자료들을 모아 그 내용을 책(수후프)으로 정리하였습니다.

아부 바크르의 수집과 우스만의 수집에서 다른 점

아부 바크르는 여러 종류의 음성과 필사본을 모아 사본 한 권으로 만들었습니다. 후에 우마르가 이 사본을 보관하다 나중에는 그의 딸 하프사가 보관했습니다.

우스만은 이 사본을 여러 권 만들어 무슬림 세계 여러 곳으로 보냈으며, 원본 수후프는 하프사에게 돌려보내 그녀가 세상을 뜰 때까지 쭉 그곳에 함께했습니다. 이븐 아비 다우드 (Ibn Abī Dāwūd)에 따르면, 마르완 빈티 하캄(Marwān b. Hakam, 히즈라 65년/서력 684년 타계)은 꾸란 상속인들로부터 사본을 수집해 파괴했는데 아마도 새 분쟁의 씨가 될까 두려워했을 수도 있습니다. 우스만도 사본 하나를 자신이 보관했는데 무스하프 우스미아니 (*Muṣḥaf 'Uthmiānī*)라고도 알려진 이 본문은 하나님으로부터 무함마드에게 계시된 내용이라는 데 실제로 모든 동료들이 동의한 이즈마(*Ijmā*, 합의)입니다.[58]

---

58) 이븐 아비 다우드(Ibn Abī Dāwūd, 117-118쪽)에 따르면 알 하자즈 통치하에서 11개의 변화가 이루어졌는데, 예를 들어 꾸란 5장 *Sūrah al-Maidah* 48절 '샤리아탄 와 민하잔

이 본문의 광범위한 보급과 인정받는 권위는 선지자 사후 27년, 그리고 우스만의 사본 배포 5년 후 일어났던 시핀(Siffīn, 히즈라 37년) 전투 보고서를 통해 유추할 수 있습니다. 무아위야(Muʻawiya)의 군대는 꾸란 구절을 창 끝에 매달아 전투를 중단시키려 시도했습니다.[59] 이런 행위는 상대방으로부터 마땅히 비난받을 만한 일이었음에도 불구하고 아무도 이 행위를 당파적 목적이라고 힐난하지 않았습니다.

(Sharīʻatan wa Minhājan)'을 '시르아탄 와 민하잔(Shirʻatan wa Minhājan)'으로 꾸란 12장 Sūrah Yusuf 45절 '아나 아티쿰 비-타윌리히(Anā ātīkum bi-Taʼwīlihi)'를 '아나 우나흐비우쿰 비-타윌리히(Anā Unahbiʼukum bi-Taʼwīlihi)'로 수정한 것 등이 있습니다. 이븐 아비 다우드에 따르면, 이는 '우스만 사본'을 준비하는 과정에서 발생한 실수로(pp.37-49) 꾸란 12장 Sūrah Yusuf 45절의 첫 번째 버전은 우바이(앞의 책 138쪽)와 이븐 마수드(앞의 책 39쪽)의 읽기였습니다.

59) Suyūti, History of the Caliphs, H. S. Jarrett 번역, Baptist Mission Press, 캘커타, 1881, p.177.

제3장

꾸란의 필사본과 인쇄물

꾸란 원고

이슬람 이전 시대에서는 글쓰기가 널리 퍼져 있지는 않았지만 아랍인들 사이에서는 잘 알려져 있었습니다. 서기 7세기, 즉 선지자 무함마드 생애에 사용되었던 문자는 단어의 자음 구조만을 표현하는 매우 기본적인 기호들로 구성되어 있었고, 그마저도 매우 모호하게 표현했습니다. 오늘날에는 *bā, tā, thā, yā*와 같은 글자들을 점으로 쉽게 구별할 수 있지만 초기에는 그렇지 않았으며 이 글자들은 모두 직선으로 단순하게 기록되었습니다. 바로 이 기본 문자 체계로부터 쿠피(*Kufī*), 마그리비(*Maghribī*), 나스크(*Naskh*) 등과 같은 다양한 종류의 문자가 전 세계로 퍼져 나갔으며, 이후 표준화된 활자를 사용한 인쇄술의 발명은 글을 공식화하는 데 기여했습니다. 그러나 꾸란의 실제 문자에 관한 한 오늘날 꾸란 본문이 취하는 형태를 구성하는 두 가

84

지 중요한 단계가 있었습니다. 그것은 바로 다음 두 가지 방식의
도입이었습니다.

❖ 모음 부호: 타슈킬(*Tashkīl*)
❖ 발음 구별 부호: 이으잠(*I'jām*)

타슈킬

타슈킬(*Tashkīl*)은 아랍 문자에서 모음을 나타내는 기호 이름입니다. 이런 기호는 이슬람 시대 이전에는 분명하게 알려진 것이 없었는데, 단어의 정확한 발음을 결정하고 실수를 방지하는 데 도움이 됩니다.

예)

바이트(Byt)　بيت　　　　바이툰(Baitun)　بَيْتٌ

점차 늘어만 가는 비아랍계 무슬림들과 또한 무학(無學)의 아랍인들[1]이 꾸란을 공부하면서 발음이나 낭독의 오류도 따라 늘기 시작했습니다. 이러한 일은 두알리(Du'alī, 히즈라 69년/서력 638년 타계) 시대 바스라(Basra)에서 어떤 사람이 다음의 꾸란 구절을 잘못 낭송하는 바람에 그 의미가 아주 달라져 버린 사건과도 연관됩니다.

---

1) 야쿠트는 그의 저서 『이르샤드(*Irshād*)』에서 알-하자지 이븐 유수프가 꾸란 9장 *Sūrah al-Tawbah* 24절에서 '아합바(*a Ahabba*)'를 잘못하여 '아합부(*a Ahabbu*)'로 읽은 적이 있다고 전합니다. Gd Q, 3권, 124. 주석 6을 참조하십시오.

أَنَّ ٱللَّهَ بَرِىٓءٌ مِّنَ ٱلْمُشْرِكِينَ وَرَسُولُهُ

하나님과 선지자께서 이교도들의 책무를 물으시리니.

أن الله برىء من المشركين ورسوله

하나님께서 이교도와 선지자의 책무를 물으시리니.(9장 *Sūrah al-Tawbah*
3절)

이러한 잘못은 텍스트의 발음을 정확하게 구별할 수 있는 부
호나 악센트가 없던 까닭에 '라술루후(*Rasūluhū*)'라고 읽어야 할
자리에서 '라술리히(*Rasūlihī*)'라고 잘못 읽음으로써 발생했습니
다. 누구라도 꾸란 내용을 올바르게 외우고 있지 않다면 얼마든
지 잘못을 저지를 수 있는 일입니다.[2] 그런 문제를 방지하기 위
한 기호나 악센트는 이으잠(*I'jām*)이 등장하기 얼마 전 도입되어
오늘날과 같은 형태를 갖추게 되었습니다.[3]

---

2) 역시 *Fihrist*, 1권, 87-88쪽을 참조하십시오.

3) Hughes, T. P., *A Dictionary of Islam*, 런던, 1895, p.687.

명칭	옛 스타일	새로운 스타일
Fatḥah	ٮ	بَ
Kasrah	ٮ	بِ
Ḍammah	ٮ	بُ

옛 스타일 보기는 이 책의 부록 그림 5를 참조하십시오.

파타(*Fatḥah*)는 알리프(*Alif*)에서 기원했고, 카스라(*Kasrah*)는 야(*Yā*, 초기의 책들에서처럼 점이 없음)에서 기원했으며, 담마(*Ḍammah*)는 와우(*Wāw*)에서 기원했다고 합니다. 이전에는 함자(*Hamzah*)가 2개의 점으로 표기되었습니다.[4]

이으잠: 글자에 발음 구별 부호 제공

오늘날 우리가 알고 있는 아랍 문자는 선과 점으로 구성되어 있습니다. 후에 이으잠(*I'jām*)이라고 불린 이 부호들은 고대 아랍어 문자에서는 찾아볼 수 없었고 단지 획으로만 이루어져 있었습니다. 평이한 글자 획에 발음 구별 부호를 표시해 쉽게 뒤섞일 수 있는 여러 글자를 구별할 수 있게 해 줍니다.

---

4) Abbott, N., *The Rise of the North-Arabic Script and its Koranic Development*, 시카고, 1939, p.39.

예)   بيت   سـ   ــس

발음 부호가 없을 때는 단어를 쉽게 알아보기 어려운 반면, 이
으잠을 사용하면 단어의 스펠링을 어렵지 않게 구별할 수 있습
니다. 발음 부호 이으잠은 이슬람 이전 시대에서도 이미 알려져
있었지만 일상적으로 사용되는 일은 거의 드물었습니다. 따라
서 아주 초기의 꾸란 기록에는(일반적인 아랍어 필기처럼) 이런 표
시가 없었습니다. 꾸란 본문에는 이라크의 알-히자즈(al-Hajjāj)를
통치하던 5대 움마이야 칼리프 압둘 말리크 빈 마르완(ʿAbd al-
Mālik bin Marwān, 히즈라 66-86년/서력 685-705년) 시절, 더 많은 무
슬림들이 꾸란을 읽고 공부하기 시작했는데, 더러는 아랍인이
아니었으며 또한 꾸란에 대해 해박하지 못하자 이때 도입된 것
으로 보입니다. 유명한 승계자 알-두알리(Al-Duʾalī)가 이 부호를
처음으로 꾸란 본문에 도입했다는 설도 있습니다.

초기의 기록

필기구

꾸란의 초기 필사본은 일반적으로 동물 가죽에 기록되었습니
다. 계시가 동물의 뼈, 가죽, 나무껍질과 잎사귀 등 여러 종류의
재료에 선지자가 살아 있을 때 기록되었다는 것을 우리는 잘 알
고 있습니다. 잉크는 검댕이로 만들었습니다.

원고

앞서 설명했듯 오래된 꾸란 문자에는 모두 발음 부호나 모음 기호가 전혀 없었습니다. 또한 각 장의 사이에도 표제나 구분이 없었으며 분리나 분할이든지 심지어는 장을 마치는 공식적인 표시도 없었습니다. 학자들은 초기 서체를 두 가지로 구분합니다.

* 쿠피(*Kūfī*)체는 꽤 굵지만 밀도는 높지 않습니다.
* 히자지(*Hijāzī*)체는 더 가늘지만 밀도가 높으며 오른쪽으로 약간 기울어져 있습니다.

어떤 사람들은 히자지체가 쿠피체보다 더 오래되었다고 믿지만, 또 다른 사람들은 둘 다 동시에 사용되었지만 히자지체가 덜 격식을 차린 스타일이었다고 말합니다.[5]

고전 서체의 몇 가지 특징

많은 꾸란 사본들이 선지자 무함마드와 정통 칼리프 시대 이후에 만들어졌는데, 사본 필경사들은 '우스만 꾸란'의 작성 원칙을 철저하게 지켰습니다. 일반 아랍어와 비교하면 몇 가지의 특이점이 있습니다. 여기에서는 그중 알리프, 야, 와우 문자를 예

---

5) 이는 N. Abbott의 견해입니다. "우리는 더 이상 일반적으로 Kufī 문자와 Naskhī 문자 사이에 연대 구분선을 그릴 수 없으며 후자를 전자의 발전으로 간주할 수도 없다. 이것은 … 이제 좀 더 일반적 인식을 요구하는데. 우리 자료는 두 가지 경향이 동시에 존재한다는 것을 보여 주며, 두 가지 모두 자연스러운 경향이다(Abott, 위의 책 16쪽)." 그림 5와 그림 6을 참조하십시오.

로 들어 살펴보겠습니다.[6]

❖ 알리프(*Alif*)는 종종 글자의 뒷부분이 아닌 글자의 위에 쓰여집니다.

예) 랍불 알라민   رَبُّ الْعَـٰلَمِينَ

❖ 낱말에서 야(*yā*, 또는 알리프)는 생략됩니다.

예) 안-나비나   النَّبِيِّنَ

❖ 어떤 낱말에서는 알리프 *alif* 대신 와우 *waw*가 붙습니다.

예) 앗-살라프   الْصَّلَوٰةُ

꾸란의 고전 필사본

현재 우리가 확인할 수 있는 초기의 원본 꾸란 필사본들 중 완본이나 상당한 조각의 사본들 대부분은 히즈라 2세기 이전의 것은 아닙니다. 1976년 세계 이슬람 축제 기간 영국 박물관

---

6) 더 많은 예시는 카말의 저서(앞의 책, 47-49쪽)를 참조하십시오. 이러한 특이 사항들의 목록은 M. 하미둘라가 『꾸란 본문에서의 철자상의 특이점』(『이슬람 질서』 제3권 4호, 1981, 72-86쪽)에서 제공하였습니다.

에 전시된 꾸란의 초기 사본도 2세기 후반 작품입니다.[7] 그럼에
도 1세기부터 존재하던 몇몇 독특한 꾸란 파피루스의 조각들도
있습니다.[8] 이집트 국립도서관에는 가젤 가죽으로 만든 양피지
에 기록한 꾸란 사본이 보관되어 있는데, 이는 히즈라 68년(서기
688년), 즉 선지자가 세상을 떠난 58년 후의 것입니다.

우스만의 사본은 어떻게 되었는가?

우스만 당시 꾸란 사본이 몇 개 만들어졌는지는 정확히 알려
져 있지 않지만, 수유티[9]는 "잘 알려진 것은 다섯 개"라고 말합
니다. 이는 아마도 우스만 자신이 보관했던 사본은 제외한 숫자
일 것입니다. 마카, 다마스쿠스, 쿠파, 바스라, 마디나가 각각 한
부씩 받았습니다.[10] 오래된 아랍 문헌에는 이 주제에 대한 최신
정보와 함께 다음과 같이 요약할 수 있는 참고 문헌이 많이 있습
니다.

다마스쿠스 필사본

알-킨디(al-Kindī, 히즈라 236년/서력 850년경 사망)는 3세기 초에
우스만을 위해 마련되었던 사본 네 개 중 세 개가 화재와 전쟁

---

7) Lings, M.와 Safadi, Y. H., *The Qur'ān*, 런던, 1976, No. lA. 또한 도판 6을 참조하십시오.

8) Grohmann, A., ʼDie Entstehung des Koran und die ältesten Koran-Handschriftenʼ, *Bustan*, 1961, pp.33-38.

9) Makhdūm, I., *Tarīkh al-Muṣḥaf al-ʻUthmānī fī Ṭāshqand*, 타슈켄트, 1391/1971, p.17.

10) GdQ. 111, 6, Note 1.

으로 파괴되었지만, 다마스쿠스로 보내진 사본은 그가 말라차(Malatja, 튀르키에)에 있을 때 여전히 보관되어 있었다고 기록했습니다.[11] 이븐 바투타(Ibn Batūta, 히즈라779년/서기 1377년)는 그라나다(Granada, 스페인), 마라케시(Marrakesh, 모로코), 바스라(Basra, 이라크) 및 여타의 도시들에서 우스만에 의해 마련된 꾸란 사본들을 볼 수 있었다고 말했습니다.[12] 이븐 카씨르(Ibn Kathīr, 히즈라 774년/서기 1372년 사망)는 우스만의 지시에 의해 기록된 것으로 보이는 꾸란 사본을 보았는데, 이 꾸란은 히즈라 518년 티베리우스(팔레스타인)에서 다마스쿠스로 옮겨졌다고 말합니다. 그러면서 그는 그것을 "매우 크고, 아름다우며, 맑고, 진한 잉크로 낙타 가죽 양피지 위에 힘 있는 글씨체로 써 있다"고 말했습니다.[13] 어떤 사람들은 그 필사본이 후에 레닌그라드로 갔다가 그곳에서 다시 영국으로 건너갔다고 여깁니다. 이후 그 필사본에 대해 알려진 것은 없습니다. 다른 사람들은 이 무스하프가 다마스쿠스의 마스지드에 남아 있었는데, 히즈라 1310년(서기 1892년)에 화재가 발생하기 전 마지막으로 목격되었다고 주장합니다.[14]

---

11) GdQ. 111, 6, Note 1.

12) Sālih, 앞의 책, p.87.

13) 앞의 책, p.88.

14) 앞의 책, p.89. 뮤어는 『맘루크 왕조(The Mameluke Dynasties)』에서 이 사본이 1893년 다마스쿠스에서 소각되었다고도 기록합니다. 애보트, 앞의 책 51쪽을 참조하십시오.

이집트 필사본

카이로의 알-후세인 마스지드에는 아주 오래된 꾸란 사본이 보관되어 있습니다. 비록 쿠피 원고이기는 하지만 옛날 양식이며, 우스만의 무스하프로부터 복사되었을 가능성이 매우 높습니다.[15]

마디나 필사본

히즈라 580년(서기 1184년), 이븐 주바이르(Ibn Jubair, 히즈라 614년/서기 1217년 사망)는 마디나의 선지자 마스지드에서 이 필사본을 보았습니다. 히즈라 1334년(서기 1915년)에 튀르키에가 가져갈 때까지도 마디나에서 있었다고 말하는 사람도 있습니다. 이 필사본은 튀르키에 당국에 의해 이스탄불로 옮겨졌다가 제1차 세계대전 중에 베를린으로 갔다고 알려졌습니다. 제1차 세계대전을 종식시킨 베르사유 조약에는 다음과 같은 조항이 포함되어 있습니다.

제246조: 본 조약이 발효된 후 6개월 이내에 독일은 터키 당국에 의해 마디나에서 옮겨져 전 황제 윌리엄 2세에게 증정하도록 강요받은 것으로 알려진 칼리프 오스만의 꾸란 원본을 헤자즈(Hedjaz) 폐하에게 반환할 것입니다.[16]

---

15) Kamāl, 앞의 책, p.56.

16) Israel, Fred L.편저, *Major Peace Treaties of Modern History*, 뉴욕, Chelsea House Pub., Vol. II, p.1418.

필사본은 이스탄불에 도착했으나 마디나까지는 가지 않았습니다.[17]

이맘 필사본

이 이름은 우스만 자신이 간직하고 있던 필사본에서 사용된 이름이며, 우스만은 이 필사본을 읽는 동안 죽임을 당했다고 합니다.[18] 어떤 사람들은 움마이야(Umayyads) 왕조 때 이를 안달루시아로 가져갔다고 하는데, 그곳에서 파스(Fās, 모로코)로 왔으며, 이븐 바투타 (히즈라 779/서기 1377)에 따르면 히즈라 이후 8세기까지 거기에 있었는데 그 필사본 위에 피의 흔적이 있었다고 합니다. 모로코에서는 사마르칸트로 가는 길을 찾았을지도 모르는 일입니다.

사마르칸트 필사본[19]

현재 우즈베키스탄 타슈켄트에 보관되어 있는 필사본으로, 어쩌면 이맘 필사본일 수도 있고 아니면 그때 만들었던 또 하나의 다른 필사본일 수도 있습니다. 이 필사본은 히즈라 890년(서

---

17) 1938년 같은 내용이 카이로 잡지에서 실렸습니다(*Makhdūm*, 앞의 책, 19쪽). 베르사유 조약 훨씬 후인 1938년에 독일 출판물의 세 번째 부분 표준서인 *Geschichte des Qorans*는, 비록 '우스만 꾸란'과 오래된 필사본에 대해 자세히 논의하고 있지만, 놀랍게도 이 사건에 대해서는 전혀 언급하지 않고 있습니다. 또 우스만 필사본의 타슈켄트 역사를 쓴 작가는 어떻게 언급해야 할지 모르겠다고 말합니다.

18) Ibn Saʿd, *al- Ṭabaqāt al-Kubrā*, 카이로, 연대 미상, Vol. III. 1권, pp.51-52.

19) *Makhdūm*, 앞의 책, p.22 이하.

기 1485년) 사마르칸트에 도착하여 1868년까지 머물렀으며, 이후 1869년 러시아인들에 의해 상트페테르부르크로 옮겨졌습니다. 1917년까지 거기에 머물렀는데, 러시아의 한 오리엔탈리스트는 이 책에 대해 자세히 설명하면서, 많은 페이지가 손상되었고 그중 일부는 누락되었다고 말했습니다. 1905년에 피사레프(S. Pisareff)가 이 필사본을 50부 정도 복사하여 팩시밀리로 오토만의 술탄 압둘하미드('Abdul Hamid), 이란 황제, 부카라 지도자, 아프가니스탄과 파스 등 당시 영향력 있는 무슬림 인사들에게 한 부씩 보냈습니다. 사본 중 하나는 현재 미국의 컬럼비아대학 도서관에 소장되어 있습니다.[20]

그 후 필사본은 1924년 원래 있던 타슈켄트로 돌아와 지금까지 남아 있습니다. 소련 당국이 더 많은 사본을 만들었던 것으로 추측되는 이 사본들은 소련을 방문하는 무슬림 국가 수반들과 다른 주요 인사들에게 수시로 전달되었습니다. 팩시밀리로 전송된 사본은 1980년 무함마드 하미둘라가 작성한 2쪽의 서문과 함께 미국에서 출판되었습니다. ≪타슈켄트 우스만 필사본의 역사(History of the Mushaf of Uthman in Tashkent)≫의 저자는 이 필사본의 진위 여부에 대해 다양한 이유를 제시하는데, 이를 시사하는 여러 역사적인 사료를 제외하면 다음과 같습니다.

❖ 이 무스하프가 히즈라 1세기 전반부에 사용된 문자로 기록되었다는 사실

---

20) *The Muslim World*, Vol.30 (1940). pp.357-358.

- 가젤 가죽에 기록된 반면, 후기 꾸란은 시트와 같은 조각에 기록되었다는 사실
- 첫 세기의 80년경에 도입된 발음 구별 부호가 없다는 사실. 따라서 이 사본은 그 이전에 기록되었다고 봐야 함.
- 히즈라 68년에 사망한 두알리(Du'alī)가 도입한 모음 기호가 없다는 사실. 따라서 이보다 이전 시기의 기록임.

다시 말하자면, 칼리프 우스만 시대에 준비되었던 원래의 꾸란 사본 중 두 권은 오늘날에도 여전히 구할 수 있으며, 그 본문과 배열은 인쇄본이건 필경본이건 상관없이 어느 장소나 시대의 꾸란 사본과 비교가 가능하며, 그들은 결국 똑같은 것을 발견하게 됩니다.

알리 사본

일부 자료에 따르면, 네 번째 칼리프 알리('Ali)가 쓴 꾸란 사본은 이라크 나자프에 있는 다르 알-쿠뚭 알-알라위야(Dār al-Kutub al-'Alawiyah)에 보관되어 있습니다. 이것은 쿠피체로 기록되었으며, 그 위에는 "알리 빈 아비 탈리브(Alī bin Abī Tālib)가 히즈라 40년에 이를 썼다"고 기록되어 있습니다.[21]

---

21) Aṭṭar, D., Mujaz 'Ulūm al-Qur'ān, 베이루트 1399/1979, p.116.

꾸란 인쇄물

16세기부터 유럽에서 가동 활자 인쇄기가 처음 사용되고 이후 세계 각지로 퍼지면서 꾸란의 필사와 인쇄 방식은 더욱 표준화되었습니다.

그 이전에도 이미 이른바, '블록-프린트(block-print)' 방식으로 인쇄된 꾸란 사본이 존재했고, 10세기 초반에 실제 나무 블록과 인쇄된 장의 일부 표본이 우리에게 전해졌습니다.[22]

활자가 사용된 현존 최고의 꾸란은 1694년 함부르크(독일)에서 인쇄되었습니다. 텍스트도 완전히 모음 부호화되었습니다.[23] 아마도 무슬림들이 인쇄한 최초의 꾸란이라면 1787년 러시아 상트페테르부르크에서 출판된 이른바 '물라이 우스만 판본'이며, 이후 카잔(1828년), 페르시아(1833년), 이스탄불(1877년) 판으로 이어졌습니다.[24]

1858년, 독일의 오리엔탈리스트 플뢰겔(Fluegel)은 아랍어로 인쇄된 이른바 '플뢰겔 판본'을 유용한 용어 색인과 함께 제작했는데, 이 판은 여러 세대에 걸쳐 오리엔탈리스트들에 의해 활용되어 왔습니다.[25] 그러나 플뢰겔 판본에는 매우 근본적 결함

---

22) Grohmann, 앞의 책, p.38; 런던 영국도서관 소장.

23) Al-Coranus, lex islamitica Muhammedis, Officina Schultzio-Schilleriania, 함부르크, 1694; 소장 번호 22.

24) Blachère, R., *Introduction au Coran*, 파리, 1947, p.133.

25) Fluegel, Gustav, *Corani texti Arabicus*, 라이프치히, 1834.

이 있었는데, 구절 번호 체계가 이슬람 세계의 일반적 용법과 일치하지 않는다는 것입니다.[26]

이집트 판본

현재 무슬림 세계에서 널리 사용되며 '표준 판본'으로 발전하고 있는 인쇄 형태의 꾸란 텍스트는 푸아드(Fuʾād) 왕 통치하의 이집트에서 소개되어 '푸아드 왕 판본'이라고도 알려진 '이집트 판본'입니다. 이 판본은 아심이 보고한 대로 꾸란 독경사 하프스(Ḥafṣ)의 낭송을 기반으로 하며, 히즈라 1344년(서기 1925년)에 카이로에서 처음 인쇄되어 이후 수많은 사본들이 만들어졌습니다.

사이드 누르시 사본

마지막으로, 튀르키에의 사이드 누르시(Saʿīd Nursi) 교우들이 인쇄한 꾸란을 예로 들 수 있습니다. 이 꾸란은 손으로 아름답게 꾸민 채색 본문과 현대의 오프셋 인쇄 기술을 결합해 만든 것입니다. 문체는 튀르키에 캘리그래퍼 하미드 알-아미디(Ḥāmid al-ʿAmidī)가 손으로 썼으며 1947년 이스탄불에서 처음 인쇄되었지만, 1976년 이래 서베를린(독일)의 사이드 누르시의 교우들이 운영하는 인쇄기에서 다양한 크기로 대량 생산되었습니다.

---

26) 예를 들어, 꾸란 74장 31절을 참조하십시오. 여기서 그는 한 구절을 네 구절로 나누고 있습니다.

제4장

형태와 언어와 형식

본문의 구분

장과 절

아야(*Āyah*, 절, 복수형 *Āyāt*)는 실제 '징표'나 '표시' 등을 의미하는데. 전문 용어로는 꾸란 문장의 가장 짧은 단위, 즉 '구'나 '문장'을 일컫습니다. 꾸란의 계시는 하나님께서 인류에게 주시는 인도이며, 따라서 계시의 가장 작은 부분들을 '표징들'이라고 부르는 것이 별로 놀라울 일은 아닙니다. 꾸란은 시(詩)가 아니기에 '운문(verse)'이라는 용어도 적절치 않습니다.

수라(*Sūrah*, 복수형 *Suwar*)는 문자 그대로 '줄' 또는 '울타리'를 의미합니다. 전문 용어로 수라는 꾸란 본문에서 구절 사이의 구분, 즉 앞의 본문과 다음 본문이 구별되는 장(章) 또는 그 부분입니다. 꾸란에는 길이가 다른 114개의 수라가 있는데, 가장 짧은 수라는 4개의 아야(절), 가장 긴 수라는 286개의 아야로 구성되어 있습니다. 모든 수라(9장 *Sūrah al-Tawbah*는 제외)는 '비스밀라히르 라흐마니르 라힘(*Bismill āhir Rahmānir Rahīm*, 자비의 주님이시며 자애를 베푸시는 하나님 이름으로)'라는 말로 시작합니다. 이 문구는 무함마드가 선지자로 부름받은 후 꾸란 본문에 추가된 것이 아니라, 그 이전부터 이미 사용되고 있었습니다.[1]

꾸란 속 114개의 수라에는 모두 고유 이름이 있는데, 그 이름들은 일종의 표제 역할을 합니다. 어떤 이름은 종종 알-안팔(*al-Anfāl*, 8장) 또는 알-바까라(*al-Baqarah*, 2장)와 같이 본문 자체에서 중요하거나 구별되는 단어에서 추출되기도 합니다. 또 어떤 경우에는 타하(*Tā-hā*, 20장) 또는 알-푸르깐(*al-Furqān*, 25장)처럼 수라가 시작되는 문장의 앞에 나오는 몇 개의 단어 중 하나에서 나오기도 합니다.

순서와 배열

각 수라의 배열과 아야들의 순서는 선지자가 세상을 떠나던 해 천사 가브리엘의 지도 아래 선지자에 의해 최종적으로 결정되었는데, 이때 가브리엘은 함께 전문을 검토하기 위해 선지자를 두 번 찾았습니다.[2] 학자들은 각각의 수라를 네 종류로 분류했습니다.

1. 알-티왈(*al-Tiwāl*. 긴 내용): 꾸란 2~10장

---

1) *Sūrah* 27: 30을 참조하십시오.

2) 2장 꾸란 계시의 전승 47쪽을 참조하십시오.

2. 알-미운(*al-Mi'ūn*, 약 100아야 내외의 장): 꾸란 10~35장

3. 알-마싸니(*al-Mathānī*, 100아야 미만의 장): 꾸란 36~49장

4. 알-무파쌀(*al-Mufaṣṣal*, 수라 알-카프(*Sūrah al-Qāf*)에서부터 꾸
   란의 마지막 부분까지: 꾸란 50~114장

기타 본문의 구분

문자적으로 주즈[*Juz'*, 복수형 아즈자(*Ajzāh'*)]는 '부분' 또는
'분배'를 의미합니다. 꾸란은 한 달 간, 특히 라마단 기간의 밤에
밤에 쉽게 낭송할 수 있게 거의 같은 길이로 30개로 나누어 놓
았는데 그 길이의 한 마디를 하나의 주즈라고 합니다. 이들은 일
반적으로 단어와 그 단어와 함께 나란히 주어지는 숫자로 표시
됩니다(예, 78장 *Sūrah an-Naba* 시작에 جزء *Juz'* 30으로 표기).

어떤 꾸란에서는 각 장을 '루크(*Rukū*)'라는 단락으로 나누기도
하는데, 예컨대 아래의 꾸란 2장(*Sūrah al-Baqarah*) 20절처럼 각각
아인 ع이라는 기호와 아라비아 숫자로 나타냅니다.

* 맨 위의 숫자 2는 각 수라(여기서는 수라 알-바카라)에서 두
  번째로 완성된 루쿠임을 나타냅니다.
* 가운데 숫자 13은 완성된 이 루쿠가 13개의 아야를 포함하
  고 있음을 나타냅니다.
* 맨 아래 숫자 2는 각 주즈(여기서는 첫 번째 주즈)에서 두 번
  째 루쿠임을 나타냅니다.

중동 지역에서 인쇄된 꾸란 사본 중에는 2장 74절에서처럼

특별히 각 주즈를 기호 بحز로 표기된 네 개의 히즈브(Ḥizb)로 세분합니다. 예컨대, 숫자 2 بحز는 꾸란의 두 번째 히즈브의 시작을 나타냅니다. 각 히즈브는 다시 1/4로 세분되며, 표시는 다음과 같습니다.

- ❖ 히즈브의 1/4분기: حِزب ٢
- ❖ 히즈브의 1/2: رُبع الخِزب
- ❖ 히즈브의 3/4분기: نصف الخِزب

또한 꾸란을 7일 동안 모두 낭송할 수 있도록 하기 위해 본문을 같은 길이의 일곱 부분으로 나누었는데, 이를 만질(Manzil)이라 부릅니다. 일부 사본에서는 منزل과 해당 번호가 여백에 표시됩니다. 다음 표는 본문을 주즈와 만질로 나눈 구분을 보여 줍니다.[3]

만질 (Manzil)	주즈 (Juz')	수라(Sūrah)	만질 (Manzil)	주즈 (Juz')	수라(Sūrah)
1	1	1: 1	2	6	5: 1
	2	2: 142		7	5: 82 or 83
	3	2: 253		8	6: 111
	4	3: 92 or 93		9	7: 88
	5	4: 24		9	7: 286
	6	4: 148		10	8: 41
				11	9: 93 or 94

3) Hamidullah, Muhammad: *Le Saint Coran. Traduction integrale et notes*, 파리, Club Francais du Livre, 연대 미상, p.XLI.

만질 (Manzil)	주즈 (Juz')	수라(Sūrah)	만질 (Manzil)	주즈 (Juz')	수라(Sūrah)
3	11	10: 1	6	22	35: 1
	12	11: 6		23	36: 22 or 28
	13	12: 53		23	38: 24 or 25
	13	13: 15		24	39: 32
	14	15: 1or 2		24	41: 38
	14	16: 50		25	41:47
4	15	17: 1		26	46: 1
	15	17: 109	7	26	50: 1
	16	18: 75		27	51: 31
	16	19: 58		27	53: 62
	17	21: 1		28	58: 1
	17	22: 18		29	67: 1
	17	22: 77		30	78: 1
	18	23: 1		30	84: 21
	19	25: 21		30	96: 19
	19	25: 60			
5	19	27: 1			
	19	27: 26			
	20	27: 56 or 60			
	21	29: 45 or 46			
	21	32: 15			
	22	33: 31			

까따다(*Qatāda*)에 따르면 꾸란 각 만질의 구분점은 4장(*Sūrah an-Nisa*) 76절, 8장(*Sūrah al-Anfal*) 36절, 15장(*Sūrah al-Hijr*) 49절, 23장(*Sūrah al-Muminun*) 118절, 34장(*Sūrah al-Saba*) 54절, 49장(*Sūrah al-Hujurat*) 18절 및 114장(*Sūrah an-Nas*) 6절입니다.[4]

언어와 어휘

꾸란 언어는 잘 알려진 대로 아랍어입니다. 꾸란 언어에 대하여는 꾸란 스스로 몇 가지를 정의합니다.

꾸란을 아랍어로 보냄은 그대 지혜를 위함이노라.(12장 *Sūrah Yusuf* 2절)

어떤 곳에서는 꾸란 언어를 '순수 아랍어('*Arabiyyun Mubīn*, 아라비윤 무빈)'라 부르기도 합니다.

(언어는)아랍어로 순수하고도 맑도다.(16장 *Sūrah an-Nahl* 103절)

그렇다면 여기서 제기되는 질문은, 꾸란이 왜 다른 언어도 아닌 꼭 아랍어로 계시되어야만 했는가라는 의문입니다. 아마도 가장 확실한 첫 번째 이유라면 이미 꾸란에 언급되어 있듯이, 이 메시지를 선포할 메신저가 아랍인이었기에 그 메시지가 그의 언어로 선포되어야 하는 것은 지극히 당연하다는 것입니다.

---

4) Ibn Abī Dawūd, p.118.

만약 꾸란을 다른 언어로 보냈다면 저들이 말하리니, "아니 아랍인에게 다른 언어라니! 왜 이다지 명료하게 설명되지 않는 걸까?" 말해 주어라 "이는 믿는 이들을 위한 안내요 치유이니…."(41장 *Sūrah Fussilat* 44절)

또 다른 중요한 이유는 그 메시지를 받아야 하는 청중들과 관련됩니다. 메시지는 맨 처음 받아들이는 청중, 즉 마카와 그 주변 지역 주민들이 이해할 수 있는 언어로 작성되어야 했습니다.

그리하여 하나님께서 성령으로 아랍어 꾸란을 보내셨음에, 이는 그대가 도시들과 그 주변의 모든 어머니에게 어떤 이들은 동산에 있고, 또 어떤 자들은 타오르는 불 속에 있음이 분명한 집회의 날을 경고함이로다.(42장 *Sūrah al-Shura* 7절)

이해를 요구하는 꾸란

꾸란은 하나님의 계시를 담고 있으며, 계시의 참된 본질은 인류를 어둠에서 빛으로 인도하는 것입니다.

그대에게 계시한 이 책은 인류를 어둠에서 빛으로 이끌기 위함이니, 주님의 가호로써 그분의 길로 인도하심에, 모든 찬양과 찬미는 하나님께 바칠 것이라.(14장 *Sūrah Ibrahim* 1절)

계시는 그 선지자와 그의 백성들의 언어로 보내졌는데, 이는 그 내용을 이해할 수 있게 하기 위함이었습니다.

꾸란을 아랍어로 계시하셨으니, 그대가 이해하고 지혜를 얻기 위함이

로다.(43장 *Sūrah az-Zukhruf* 3절)

메시지를 이해하는 과정에서 다음 두 단계는 필수적입니다.

❖ 메시지를 정확하고 완전하게 이해하려면 메시지의 단어를
  정확하고 완전하게 수신해야 합니다.
❖ 해석하기 위하여서는 받은 메시지의 의미를 파악해야 합니
  다.

오직 이 두 요소, 즉 수신과 해석의 조합만이 메시지의 올바른
이해로 이끕니다.

꾸란을 이해하기 위해

꾸란의 메시지를 이해하지 못하는 아랍어 사용자가 많기 때
문에 꾸란 지침을 이해하고 인도를 간구하는 일이 직접적 아랍
어 지식에 달려 있다는 가정은 적절치 않습니다. 올바른 인도는
오직 하나님으로부터만 온다는 것을 꾸란이 알려 줍니다.

이는 하나님의 인도이시나니, 하나님의 인도는 기쁨 드리는 **종복**에
게….(6장 *Sūrah al-Anam* 88절)

그러나 꾸란 언어를 이해하는 것은 그 의미를 완전히 이해하
기 위한 전제 조건이므로 많은 무슬림들이 이 언어를 배워 왔습
니다. 그러지 못한 사람들은 언어를 이해하기 위한 간접적 방편
으로 번역본을 사용하는데, 번역본에서는 꾸란의 의미가 그들

의 모국어로 번역되어 하나님 메시지에 친숙해질 수 있도록 돕고 있습니다.

꾸란의 메시지는 결코 어렵지 않아 기꺼이 들을 의지가 있는 모든 인류가 이해할 수 있습니다.

꾸란을 기억하기 쉽도록 만들었건만, 뉘라서 이를 기억할까?(54장 *Sūrah al-Qamar* 17절)

꾸란 속 외국어

꾸란 언어에 아랍어가 아닌 표현이 포함되는지에 대하여는 학자들 사이에 몇몇 의견 차가 있습니다. 타바리(Tabarī)와 바킬라니(Bāqillānī)를 포함한 일부 학자들은 꾸란의 모든 구절이 아랍어이며, 아랍어가 아닌 단어들조차 아랍어의 일부였다고 주장합니다. 이 단어들의 근원이 비록 아랍은 아니지만 아랍인들이 이를 사용하고 지켜 왔으며 실제로 아랍어에 흡수되었다는 주장을 펼칩니다. 그럼에도 꾸란 내용에는 이스라일(Isrāʾīl), 이므란(Imrān), 누흐(Nūh) 등과 같은 아랍어가 아닌 외국어 고유명사가 허용됩니다. 또 아랍어에서 사용되지 않는 단어가 포함되었다고 주장하는 이들도 있습니다.

❖ 알-끼스타스(*al-Qistās*, 꾸란 17장 35절), 그리스어에서 유래
❖ 알-씻질(*al-Sijjīl*, 꾸란 15장 74절), 페르시아어에서 유래
❖ 알-가싸끄(*al-Ghassāq*, 꾸란 78장 25절), 투르키에어에서 유래
❖ 알-투르(*al-Tūr*, 꾸란 2장 63절), 시리아어에서 유래

❖ 알-키플(*al-Kifl*, 꾸란 57장 28절), 아비시니아(에티오피아)어에
서 유래

예컨대 수유티가 다른 언어로 된 118개의 표현 목록이 있는
작은 책자를 구성한 것처럼 몇몇 학자들은 '꾸란의 외국 어휘'
를 주제로 책을 집필했습니다.[5]

문학적 형식과 형태

꾸란은 인류를 인도하기 위한 하나님 계시이지 시(詩)나 문학
작품이 아닙니다. 그럼에도 언어적으로나 문자적 형태로 표현
되므로 여기에서 문학적 형식과 스타일을 간략하게 고려할 수
있습니다. 대체로 두 가지 주요 문학 형식이 있습니다.

❖ 산문(散文)
❖ 시(詩)

산문은 일상적 구어에 가까운 표현 방식을 의미하며, 리듬과
운율이 두드러지지 않는 한 시와 구별됩니다.

---

5) 벨(William Y. Bell)이 번역한「수유티의 무타왁킬리(Mutawakkili)」(예일대학교 논문). 또한
*Itqān*을 참조하십시오.

꾸란은 시가 아닙니다

유럽의 일부 오리엔탈리스트들은 꾸란 구절이 싯귀에 지나지 않으며 그 이상도 이하도 아니라고 주장했는데, 선지자 시절 당시에 적대자들 역시도 마찬가지로 그를 시인이나 점쟁이라고 비난했습니다. 이 주장은 꾸란 자체에 의해 반박되었습니다.

> 이는 시가 아닐진데, 그대 믿음이 미천하며. 이는 점쟁이 말이 아닐진데, 그대가 받는 교훈이 미천하니. 이는 온 세상의 주님에게서 오는 메시지노라.(69장 *Sūrah al-Haqqah* 40-43절)

위 구절에서 반박된 무함마드에 대한 비난은 꾸란에서 사용된 특정 스타일, 즉 사즈(*Saj'*)와 유사하거나 그에 밀접한 것을 기반으로 한다고 합니다. '사즈'라는 단어는 일반적으로 '운율이 있는 산문', 즉 리듬과 운율에 중점을 두지만 시와는 구별되는 문학 형식으로 번역됩니다. 사즈는 실제 시처럼 정교하지는 않지만 아랍 시인들에 의해 사용되었으며, 이슬람 이전 아랍 운율 체계 중 가장 잘 알려져 있습니다. 사즈는 운율이 없다는 점에서 시와 구별되는데, 시와는 달리 일관된 리듬 패턴이 없습니다. 대부분의 경우 다소 불규칙하게 활용되지만 시와 운율[6]적 요소를 공유합니다.

---

6) 꾸란에서 사용될 때는 파실라(*Fāṣilah*, 복수형: *Fawāṣil*)라고 합니다.

문학과 꾸란의 차이점

≪무캇디마(*Muqaddimah*)≫의 저자로 유명한 이븐 칼둔(Ibn Khaldun, 히즈라 809년/서기 1406년 사망)은 아랍 문학에 관해 언급한 한 대목에서 문학과 꾸란의 일반적 차이, 그중에서도 특히 사즈와 꾸란의 차이점을 구분했습니다.

"아랍 언어와 화법은 두 갈래로 나뉜다는 것을 알아야 합니다. 그중 하나는 운율이 있는 시이고… 또 다른 갈래는 산문, 즉 비운율적 언어입니다. 꾸란은 산문이면서도 이 두 범주 중 어디에도 속하지 않습니다. 단순한 산문도 아닐 뿐더러 운율적 산문도 아닙니다. 꾸란은 절들로 나뉩니다. 사람은 발성을 멈추는 지점을 감각적으로 인지합니다. 그리고 나서 다시 재개되고 다음 구절에서 '반복'됩니다. 운율적 산문을 구성하는 글자가 필수는 아니며, 시에서 활용되는 운율도 나타나지 않습니다. 꾸란 구절이 의미하는 상황은 이렇습니다.

"하나님께서 최상의 이야기를 계시하셨으니, 반복되는 구절이 조화롭게 배열된 책…."(39장 *Sūrah az-Zumar* 23절)[7]

꾸란 내용에서 사즈와 비슷한 구절이라면 아마도 꾸란 112장 *Sūrah al-Ikhlas* 1~4절이 좋은 본보기일 것입니다. 여기에는 다소 불규칙한 음률이 있는 반면 마지막 음절에는 운율이 더해집니다.

---

7) Ibn Khaldun, *The Muqaddimah*, 프린스턴, 1967, Vol. 3, p.368. Ibn Khaldun, *Muqaddimah*, 카이로, 연대 미상 p.424.

꿀 후왈라후 아하드
Qul huwa Llahu Ahad

말하라; 하나님께서 오직 한 분
  이심에

알라 훗 사마드 *Allahus Samad*

영원하시며 완벽하시니

람 얄리드 와 람 유울라드
Lam Yalid wa lam Yulad

나시지도 나아지시지도
  않으시며

와람 야쿤 라후
wa lam Yakun lahu

이세상 어디에도

쿠후완 아하드 *Kufuwan Ahad*

하나님께 견줄 그 무엇 없도다.

비록 이와는 완전하게 일치하지는 않지만 일반적인 산문에
더 가까운 여러 구절들 중 각운(脚韻)의 종류가 가리키듯, 다음과
같은 구절들이 그 예가 될 수 있습니다.

인나 아누우하이나 일라이카
  카마 *Inna auhaina ilaika kama*

성령을 그대에게 보냄에

아우하이나 일라 누힌 와 나
  비이나 *auhaina ila Nuhin wa
  Nabiyina*

노아에게 보냈듯

민 바아디히 와 아누하이나 일
  라 *min ba'dihi wa auhaina ila*

그의 후손들에게도 보냈듯

이브라히마 와 이스마일라 와
  Ibrahima wa Isma'ila wa

이브라힘과 이스마일에게 보낸
  성령

이스하까 와 야아꾸바
  Ishaqa wa Ya'quba

이삭과 야곱에게

왈 아스바띠 와 이사 와 아이
  유바 *wa-l-asbati wa 'Isa wa
  Ayyuba*

욥과 요나의 백성들과
  예수에게

와 유누사 와 하루나 와
wa Yunusa wa Haruna wa

술라이마나 와 아따이나 다우
다 *Sulaimana wa ataina Dawuda*

자부라 와 루쑬란 까드
Zabura. wa Rusulan qad

까싸쓰나훔 알라이카 민
Qasasnahum 'alaika min

까블루 와 루쑬란 람
qablu wa Rusulan lam

나끄쑤슘 알라이카 와
naqsushum 'alaika wa

칼라말 라후 무싸 타끌리마
kallama Llahu Musa taklima .

라쑬란 무밧쉬리나 와
Rusulan Mubashshirina wa

문디리나 리 알라 야꾸나
Mundhirina li'alla yakuna

리인 나씨 알라 라히 훗자뚠
li-n Nasi 'ala llahi Hujjatun

바아다르 루쑬리 와 카날라후
Ba'dar Rusuli wa kana Llahu

아지잔 하키마 *'Azizan Hakima*
(*Sūrah an-Nisa*). 4: 163-5 .

아론과 솔로몬에게

또한 다우드에게 시편을
보냈으며

몇몇 선지자에게 이미

그대에게 전하는 말을
보냈으니

안 보낸 선지자가 없도다

하나님께서 모세에게 직접
말씀하시니

선지자는 사람들에게 기쁜
소식을 전할 것이며

또한 엄벌을 경고하도록

선지자가 온다면

하나님께 항변해서는
안 되나니

드높은 하나님께서 권능이시며
영명하심이라

꾸란 4장 *Sūrah an-Nisa* 163-5
절

꾸란 스타일

꾸란 내용 속의 담화

꾸란에는 꾸란 자체에 대해 언급하는 여러 담화(*Qisas*, 끼사스. 복수형 *Qissa*)를 담고 있습니다.

가장 아름다운 이야기들을 그대와 연결했나니, 그 안에서 이 꾸란을 계시하도다….(12장 *Sūrah Yusuf* 3절)

꾸란 메시지의 중요한 면을 설명하고 강조하는 이러한 이야기들은 다양한 방식으로 그 기능을 수행합니다. 여기 몇 가지 일반적인 모습이 있습니다.

❖ 이슬람의 일반적 메시지에 대한 설명
❖ 일반 지침 및 알림
❖ 선지자와 믿는 이들의 확신을 강화시킴
❖ 초기 선지자들과 그들의 투쟁을 상기시킴
❖ 무함마드의 메시지의 연속성과 진실성에 대한 표시
❖ 유대인과 그리스도교인과 같은 이슬람 반대자들에 대한 반론을 제시

이러한 담화 내용에 대하여는 일반적으로 다음 세 가지 유형으로 구분할 수 있습니다.

❖ 하나님의 선지자, 그들의 백성, 그들의 메시지, 그들의 소

명, 그들이 당한 박해 등에 관한 이야기들, 예컨대 노아(26 장 *Sūrah al-Shuara*), 모세(28장 *Sūrah al-Qasas*), 예수(19장 *Sūrah Maryam*)에 관한 이야기들

❖ 동굴의 동반자들에 대한 이야기나 둘–까르나인(18장 *Sūrah al-Kahf*)에 대한 이야기와 같이 과거의 인물이나 사건에 대한 꾸란의 다른 이야기들.

❖ 바드르 전투(3장 *Sūrah al-Imran* 13절), 우후드 전투(3장 *Sūrah al-Imran* 121-8절), 아흐자브 전투(33장 *Sūrah al-Ahzab* 9-27절), 이스라 성천(17장 *Sūrah al-Isra* 1절) 등과 같이 선지자 무함마드의 생애 동안 일어난 사건들에 대한 이야기들

꾸란의 직유법

꾸란은 어떤 진리를 설명하거나 잘 알려진 것에 비유하거나 모양을 묘사함으로써 메시지의 요점을 강조하려고 여러 곳에서 직유법(*Amthāl*, 단수형 *Mathal*)을 사용합니다.[8] 다음의 예를 보십시오.

그분께서는 하늘에서 물을 내려보내시고, 수로들은 각각 그 분량에 따라 흐름에도 급류는 표면으로 올라오는 거품을 견디는도다. 그럼에도 그들이 장식품이나 기구를 만들기 위해 불에 달궈 놓은 것(광석)에서 그 같은 찌꺼기가 있음에, 이와 같이 하나님은 (비유로) 진리와 헛됨을 나타내시나니, 이는 찌꺼기가 쏟아져 나오는 거품처럼 사라지기 때문

---

8) 예컨대 16장 75-76절을 참조하십시오.

이니라. 반면 인류의 유익을 위한 것은 지상에 남아 있으니 이처럼 하나님은 비유를 말씀하시노라. (13장 *Sūrah ar-Rad* 17절)

쿨과 함께 시작하는 구절

꾸란의 200개가 넘는 구절이 '쿨(*Qul*)'이라는 단어로 시작하는데, 이는 선지자 무함마드에게 특정 상황, 예컨대 제기된 질문에 대한 답변, 또는 믿음 문제에 관한 단언 그리고 법적 판결의 발표 등에서 청중들에게 이 인도에 따른 단어를 말하라는 지시입니다. 다음 예시를 보십시오.

말할지니, "하나님께서 우리에게 명하신 것 외에는 우리에게 아무 일도 일어나지 않을 것이니, 그분께서 우리를 보호하시는 분…." (9장 *Sūrah al-Tawbah* 51절)

말할지니, "경전의 백성이여. 우리가 하나님을 믿는다는 것과 이전에 온 계시와 여러분 대부분이 반항적이고 순종하지 않는다는 것 외에 다른 이유로 우리를 못마땅하게 여기는가?" (5장 *Sūrah al-Maidah* 62절)

하나님과 선지자 마음대로 전리품을 취급한다고 저들이 불평함. 말할지니. "하나님을 두려워하고 당신들 사이의 관계를 바로 세우고. 당신들이 믿으면 하나님과 선지자에게 복종하시오." (8장 *Sūrah al-Anfal* 1절)

꾸란의 맹세

꾸란에는 여러 곳에서 맹세와 같은 표현 방식(*Aqsam*, 단수형

Qasam)을 사용합니다.[9] 논점을 강화하고 지원하며, 듣는 사람의 마음속 의심을 분산시키기 위한 역할입니다. 아랍어 본문에서 이 구절들은 때때로 '와(*Wa*)'라는 단어 또는 '라 우끄시무(*La Uqsimu*, 맹세하건대)라는 문구로 시작됩니다. 다음의 예를 보십시오.

하나님께서 당신 스스로에게 맹세하실 때도 있습니다.

"아니로다. 주님께 맹세하나니, 저들은 그대와의 논쟁 결과로 결정하고, 그대 결정이 저들 영혼에 거부감 없이 확신할 때까지는 진정한 믿음을 갖지 못하리라."(4장 65절)

그 밖의 맹세들은 하나님 창조물로에 의해 이루어집니다.

"빛나는 태양과, 이를 뒤따르는 달과, 영광을 드러내는 낮과, 감싸 주는 밤과, 단단하고도 구조적인 땅과, 드넓게 확장되는 영혼과 이들에게 주어진 비율과 질서에 두고 맹세하나니…."(91장 *Sūrah al-Shams* 1-7절)

"이 도시를 두고 맹세하나니…."(90장 *Sūrah al-Balad* 1절)

인간은 창조주이신 하나님께만 맹세할 뿐 창조된 피조물에게 해서는 안 됩니다.

무흐카마트와 무따샤비하트

무흐카마트(*Muḥkamāt*, 명료성. 단수형 *Muḥkamah*)라는 단어는

---

9) 간략한 논의는 Abdullah Yusuf Ali의 앞의 책 부록 14. 1784-1787쪽을 참조하십시오.

두 가지 중 하나를 결정한다는 것을 의미하는 어근 우흐키마(Uḥkimah)에서 파생되었습니다. 이는 복수형 동명사로서 판단, 결정을 의미하며, 전문 용어로서 꾸란에서 명확하게 결정된 모든 구절, 주로 법적 판결에 관한 구절뿐 아니라 진실과 거짓 등에도 명확히 구분됩니다. 이것이 바로 '일반적인 무흐카마트'가 나타내는 의미입니다.

무타샤비하트(Mutashābihāt, 모호성, 단수형 Mutashābihah)는 '의심하다'를 뜻하는 어근 '이슈타바하(Ishtabahah)에서 파생되었습니다. 이는 복수형 동명사로서 불확실하거나 의심스러운 것을 의미합니다. 전문 용어로서는 그 의미가 명확하지 않거나 완전히 합의되지는 않지만 두 가지 이상의 해석이 가능한 꾸란 구절을 가리킵니다. 다음은 무흐카마트를 나타내는 꾸란 구절의 예입니다.

> 믿는 이들은, 서로 간 거래에서 금전 관계의 책무를 지정하여 기록한 후 공증하도록….(2장 *Sūrah al-Baqarah* 282절)

무흐카마트를 나타내는 꾸란 구절의 예를 들면 다음과 같습니다.

> 지극히 은혜로우신 분(하나님)께서 (권위)의 옥좌에 계시는도다.(20장 *Sūrah Ta Ha* 5절)

괄호 안의 단어는 번역자가 이 절의 이해를 위해 추가한 단어입니다.

명료성과 모호성에 대한 꾸란

꾸란 구절은 두 종류로 되어 있는데 둘 다 기본 구성 요소로서 두 가지 모두 받아들여야 한다고 꾸란 스스로 밝힙니다.

> 성서를 그대에게 보내신 그분이심에, 몇몇 구절은 책의 기초로 확정적이며 나머지는 우화적이니, 마음이 어긋난 자들은 우화를 따라 그 해석을 추구하며 불화를 일으키지만 하나님 이외에는 그 숨은 뜻을 알 길 없음에, 지식으로 확고한 이는 "이 모두가 하나님에게서 온 것을 믿습니다"라고 말하리니. 오직 이해력 있는 이들만 이해할 수 있으리라.(3장 *Sūrah al-Imran* 7절)

여기에서 명료성과 모호성은 다음과 같이 설명됩니다.

명료성
❖ 필요로 했던 지식
❖ 1차원적인 내용
❖ 의미가 충분하여 더 이상의 설명이 필요 없는 내용

모호성
❖ 오직 하나님께서만 아시는 내용
❖ 둘 이상의 차원
❖ 더 많은 설명이 필요한 내용

따라서 할랄과 하람, 형벌, 상속, 약속과 위협 등을 다루는 꾸란 구절은 명료성에 속하고, 하나님의 덕성, 진정한 부활의 본질, 심판의 날과 사후의 삶 등에 관한 내용은 모호성에 속합니다.

일반적, 그리고 구체적인

어떤 구절은 매우 광범위하고 일반적인, 예컨대 인류나 모든 무슬림 등을 포함하여 적용(*al-'Am*)하는 데 비해 나머지 구절은 특정 상황으로만 적용이 제한됩니다(*al-Khas*). 다음의 예를 보십시오.

모든 영혼은 죽음을 맛보리라.(3장 *Sūrah al-Imran* 185절)

성지 순례에서 외설과 사악함이나 불평도 없게 하소서.(2장 *Sūrah al-Baqarah* 187절)

하나님께서 자녀 (상속)에 관하여 지시하시니.(4장 *Sūrah an-Nisa* 11절)

그리고 일반적으로 남아 있는 구절과 특정한 의미를 의도하는 다른 구절 사이에도 구분이 있는데, 다음의 예를 들 수 있습니다.

여행을 감당할 수 있는 사람들이 성지를 순례하는 일은 하나님께 대한 의무이도다.(3장 *Sūrah al-Imran* 97절)

'특정한 의미'에는 몇 종류가 있습니다. 일반적으로 어떤 유형의 조건이나 제한이 지정됩니다. 다음의 예를 보십시오.

그대가 후견하는 의붓딸, 그대 배우자에게서 태어난⋯.(4장 *Sūrah an-Nisa* 23절)

그대들에게 죽음이 찾아올 때에 부모와 친족에게 유산을 남기는 것이 정해졌도다.(2장 *Sūrah al-Baqarah* 180절)

경도(經度, 생리) 중인 여자들을 멀리하고, 깨끗해질 때까지 가까이하지 말도록.(2장 *Sūrah al-Baqarah* 222절)

'자유'와 '제한'에 관한 구절

아흐캄(*Aḥkām*) 법령 구절 중에는 어떤 조건이나 상황에서도 자유(*Mutlaq*)를 허용하는 구절이 있는가 하면, 제한(*Muqayyad*)적 조건이나 상황에서만 조건부로 허용하는 구절이 있는데 아래의 예를 들 수 있습니다.

맹세를 지키지 못해 속죄하려면 3일 동안 단식하도록.(5장 *Sūrah al-Maidah* 92절)

3일간 단식을 계속할 것인지 중단했다 할 것인지는 개인의 자유에 달렸습니다.

물을 찾지 못한다면 깨끗한 모래나 흙으로 얼굴과 손을 문지르도록 하라.(5장 *Sūrah al-Maidah* 6절)[10]

---

10) 어떤 사람들은 이 구절이 팔을 씻을 때 팔꿈치까지 '제한된다고' 하지만 다른 이들은 모두 허용된다고 말합니다.

문자적 의미와 해석적 의미

어떤 절의 의미는 그 문자 그대로의 표현(*Manṭūq*, 만투끄)에서 도출되지만, 또 다른 절에서는 해석적 표현(*Mafhūm*, 마프훔)에서 의미가 도출되기도 합니다. 문자적 이해에는 몇 가지 종류가 있는데, 첫 번째로는 명확한 문구, 즉 애매모호하지 않은 확실한 문구입니다. 다음의 예를 보겠습니다.

그가 할 여유가 없을 때에는, 순례 동안에는 3일을, 돌아와서는 7일을, 모두 합해서 열흘 동안 단식을 할 것이니라.(2장 *Sūrah al-Baqarah* 196절)

어떤 경우는 그 표현이 다소 애매할 수 있겠지만 의미에 관한한 명확합니다.

저들이 깨끗해질 때까지 가까이하지 말도록.(2장 *Sūrah al-Baqarah* 222절)

아랍어 타타흐하르나(*Taṭahharnah*)는 여성의 생리가 끝나는 시점을 의미할 수도 있고, 생리 후 목욕을 완료한 시점을 가리킬 수도 있습니다. 의미상 두 번째가 더 명확합니다.[11] 어떤 구절들은 문맥을 통해 의미를 암시하지만, 표현 자체는 명확하지 않습니다.

겸손의 날개로써 친절을 보답하도록.(17장 *Sūrah al-Isra* 24절)

이 구절의 맥락이 말해 주듯 부모에게 적용되는 것이지 일반

---

11) Qaṭṭān, M.: *Mabāḥith fi ʿUlūm al-Qurʾān*, 리야드, 1971.

적으로 모든 사람들에게 적용되는 것은 아닙니다.

알-무캇타아트(*al-Muqaṭṭa'āt*, 축약어)

이른바 '축약된 글자'는 그 의미를 알 수 없는 한 무타샤비하트(*Mutashābihāt*, 모호함)[12]의 중요한 부분입니다. 이 단어는 어근 카따아(*Qaṭa'a*)에서 파생된 것으로 '잘린 것', 혹은 '줄인 것' 등을 의미합니다. 전문적 용어로서 이 단어는 꾸란의 여러 수라의 시작 부분에 나오는 특정 문자를 가리키며, 이를 '축약어'라고 합니다.

축약어의 출현 위치

이러한 14개의 축약어는 다양한 조합으로 29개 수라의 시작 부분에 나타납니다. 다음은 이 글자들로 시작되는 수라와 분포 목록입니다.

알리프 람 라(*Alif Lām Rā'*)	10, 11, 12, 14, 15장
알리프 람 밈(*Alif Lām Mīm*)	2, 3. 29. 30, 31, 32장

---

12) *Itqān*, 2권, 8쪽 이하. 이 주제에 대한 오리엔탈리스트들의 연구 요약은 제프리(Jeffery, Arthur)의 *The Mystic Letters of the Kuran*(MW, 1924, 14권 247-260쪽)에 있습니다. 일부 오리엔탈리스트들 중에서는 그 글자들이 무함마드를 위해 꾸란을 필사하던 여러 교우들의 이름 약자라는 의견을 내놓았습니다. 다른 학자들은 이 글자들이 이제는 널리 알려진 꾸란 이름들이 소개되기 전에 단순히 각 장을 구별하기 위해 사용된 기호들이라고 말합니다. 꾸란 20장 *Sūrah Ta Ha*가 대표적 예일 것입니다. 이는 일부 무슬림 학자들의 견해를 바탕으로 하기도 합니다(*Itqān*, 2권, 10쪽). 오리엔탈리스트이자 에든버러 사제였던 와트는 "글자들은 신비로워서 우리가 시작한 곳에서 맺으며, 지금까지의 해석을 당황스럽게 만든다"라고 썼습니다(Watt, M., *Bell's Introduction to the Qur'ān*, 에든버러, 1977, p.64)

알리프 람 밈 라(*Alif Lām Mīm Rā'*)	13장
알리프 람 밈 쇼드(*Alif Lām Mīm Ṣād*)	7장
하 밈(*Hā Mīm*)	40, 41, 43, 44, 45, 46장
쇼드(*Ṣād*)	38장
따 씬(*Ṭā Sīn*)	27장
따 씬 밈(*Ṭā Sīn Mīm*)	26, 28장
따 하(*Ṭā Hā*)	20장
까프(*Qāf*)	50장
까프 하 야 아인 쇼드(*Kāf Hā Yā 'Ain Ṣād*)	19장
눈(*Nūn*)	68장
야 씬(*Yā Sīn*)	36장

다양한 해석

이 글자들의 목적과 의미는 확실하지 않습니다. 여러 시대에 걸쳐 무슬림 학자들이 내놓은 다양한 해석들은 다음과 같습니다.[13]

❖ 이 글자는 특정 문장이나 단어의 약어일 수 있습니다

예) 알리프 람 밈(*Alif Lām Mim*)은 아나 라후 아올람(*Ana llahu A'lam*, 하나님만이 아시는 지식), 또는 눈(*Nun*)은 누르(*Nur*, 빛)를 의미할 수 있습니다.

❖ 이 글자들은 약어가 아닌 하나님의 상징이나 이름 또는 또

---

13) *Itqān*, 2권, pp.9-11.

다른 무엇입니다.[14)]

❖ 이 글자들은 숫자적 가치가 있는 셈족 문자처럼 숫자적 의미를 갖습니다.

이 글자들은 선지자(그리고 나중에는 그의 청중들)의 주의를 끌기 위해 사용되었습니다.

여기에서는 언급할 수 없는 더 많은 해석이 있습니다. '축약어'는 선지자 무함마드에게 계시된 꾸란 메시지의 일부로 꾸란 본문에 포함되어 있으므로 이 글자가 나올 때에는 구절의 내용으로 읽고 낭송되어야 합니다. 이들은 꾸란 37장에 언급되어 있는 무타샤비하트 (모호함)의 좋은 예로써 그 뜻은 하나님만 아십니다. 꾸란은 그것들에 대하여 말합니다.

… 이것들은 분명한 책의 상징이로다.(12장 *Sūrah Yusuf* 1절)

---

14) 예컨대, 문자 '*Nūn*'은 '물고기'를 의미하는데, 앞에 '*Nūn*'을 '약자'로 포함하는 모든 장에서 나타나며, 혹은 문자 '*Tā*'는 '뱀'을 의미하는데, 앞에 '*Tā*'를 포함하는 모든 장은 무사와 뱀에 관한 이야기를 포함하고 있습니다.

제5장

본문의 이해

마카 계시와 마디나 계시

무슬림 공동체 움마(*Ummah*)의 발전과 성장 과정은 크게 두 단계로 나뉩니다.

❖ 히즈라 이전 마카(*Makkah*) 시기(서기 622년)
❖ 히즈라 이후 마디나(*Madinah*) 시기

무슬림을 인도하시려는 하나님의 계시에 이런 특수 상황이 반영된 것은 당연합니다.

마카 단계
마카 시기는 첫 번째 꾸란 계시로부터 히즈라(*Hijrah*, 이주)에 이르기까지 13년에 걸쳐 이어졌습니다. 이 단계에서 사람들을 이슬람으로 초대하는 선지자의 주요 임무를 결정합니다. 꾸란 계시를 기반으로 한 초대의 핵심 주제는 다음과 같습니다.

- ❖ 하나님과 그분의 유일성(*Tawḥid*)
- ❖ 다가오는 심판과 부활
- ❖ 정의로운 행실

이 단계에서 선지자에게 주어진 특정 임무는 복음과 경고를 공표하는 역할입니다.

마디나 단계

마디나 시기는 히즈라부터 선지자의 사망에 이르기까지 약 10년간 이어졌습니다. 마카 단계에서의 기본 주제는 여전히 유지되지만, 이제 무슬림들이 함께 공동체로 성장하고 움마의 형성이 명확하게 느껴지는 요소가 추가되었습니다. 마디나에서는 네 부류의 사람들을 만날 수 있습니다.

- ❖ 무하지룬(*Muhājirūn*): 마카에서 마디나로 이주한 사람들
- ❖ 안사르(*Anṣār*): 무하지룬을 도와준 마디나 토박이들
- ❖ 무나피쿤(*Munāfiqūn*, 위선자들): 마디나 출신으로 무슬림을 지지하는 듯 기만한 사람들
- ❖ 아흘 알-키타브(*Ahl al-Kitāb*): 각각의 경전이 있는 유대인과 그리스도교인

이 외에도 꾸란은 계속해서 알-나스(*al-Nās*, 인류), 즉 모든 사람들과 불신자들과 무지몽매한 사람들에 대해 언급했습니다.

마카 장과 마디나 장

또 꾸란의 수라들은 그 근원에 따라 마카 장과 마디나 장으로 분류되었습니다. 어떤 장이 마카에서 받은 계시로 시작한다면, 그 안에 마디나에서 받은 계시가 들어 있다 해도 마카 계시로 분류합니다. 마찬가지로 어느 장의 내용이 마디나에서 받은 계시로 시작하면, 그 안에 마카에서 받은 계시가 들어있다 해도 마디나 계시로 분류합니다.[1] 자르카쉬(Zarkashī)에 따르면[2], 다음 85개의 장이 마카 계시입니다.

96, 68, 73, 74, 111, 81, 87, 92, 89, 93, 94, 103, 100, 108, 102, 107, 109, 105, 113, 114, 112, 53, 80, 97, 91, 85, 95, 106, 101, 75, 104, 77, 50, 90, 86, 54, 38, 7, 72, 36, 25, 35, 19, 20, 56, 26, 27, 28, 17, 10, 11, 12, 15, 6, 37, 31, 34, 39, 40, 41, 42, 43, 44, 45, 46, 51, 88, 18, 16, 71, 14, 21, 23, 32, 52, 67, 69, 70, 78, 79, 82, 84, 30.

마카 시기의 마지막 계시에 대해서는 의견 차이가 있습니다. 꾸란 29장 *Sūrah al-'Ankabūt*에 대해 이븐 압바스(Ibn Abbas)의 의견을 따르는 사람들이 있는가 하면, 꾸란 23장 *Sūrah al-Mu'minūn*이라는 사람들도 있으며, 꾸란 83장 *Sūrah al-Muṭaffifīn*이라는 사람들까지 있습니다. 어떤 사람들은 꾸란 83

---

1) Mabānī, GdQ, 1권 59쪽에서.

2) Zarkashī, B., *Al-Burhān fi 'Ulūm al-Qur'ān*, 카이로, 1958. Vol. 1, p.193.

장을 사실상 마디나 계시라 믿습니다. 자르카쉬에 따르면[3], 다음 29개 장이 마디나 계시입니다.

2, 8, 3, 33, 60, 4, 99, 57, 47, 13, 55, 76, 65, 98, 59, 110, 24, 22, 63, 58, 49, 66, 61, 62, 64, 48, 9, 5.

어떤 사람들은 꾸란 1장 *Sūrah al-Fātihah*가 마카 계시라 주장하는 반면, 마디나 계시라고 주장하는 사람들도 있습니다. 마카 계시 장들이 약 11주즈(*Juz'*)로 구성되는 데 비해 마디나 계시 장들은 약 19주즈로 구성되어 있습니다. 이 구분에 따르면, 마디나 계시 장들이 더 길고 꾸란의 더 많은 부분을 차지하고 있음을 알수 있습니다.

연대 표

누으만 빈 바쉬르(Nu'mān b. Bashīr)의 목록과 알-나딤(al-Nadīm)의 피흐리스트(*Fihrist*)[4]를 기반으로 각 장 계시의 연대순은 다음과 같습니다.

96, 68, 73, 74, 111, 81, 94, 103, 89, 93, 92, 100, 108, 102, 107, 109, 105, 112, 113, 114, 53, 80, 97, 91, 85, 95, 106, 101, 75, 104, 77, 50, 90, 55, 72, 36, 7, 25, 35, 19, 20, 56, 26, 27, 28, 17, 11, 12, 10, 15, 37, 31, 23, 34, 21, 37, 40, 41, 47, 43, 44, 45, 46,

---

3) Zarkashī, Vol. 1, p.144. 다른 목록은 *Fihrist*, 1권, 52-53쪽을 참조하십시오.

4) *Fihrist*, 1권, pp.49-52.

51, 88, 18, 6, 16, 71, 14, 32, 52, 67, 69, 70, 78, 79, 82, 84, 30, 29, 83, 54, 86.

그렇다면 꾸란이 연대순으로 배열되지 않았음에도 각 장과 구절의 계시 순서를 아는 게 중요한 이유는 무엇일까요? 어떤 계시 중에는 뜻을 이해하는 데 있어 그 기원과 순서를 아는 것이 중요하며, 이와 관련된 시기와 상황을 알면 종종 더 쉽게 이해할 수 있습니다.

예를 들어, 마카 시기에 계시된 여러 구절 중에는 비이슬람적 환경에 놓여 있는 무슬림들에게 특히 의미가 있는 반면, 어떤 마디나 시기 계시는 무슬림들의 공동체인 움마를 형성해 가는 과정에 있는 무슬림들에게 더욱 호소력이 있을 것이며, 어느 경우에는 둘 이상이 관련된 내용 중 어떤 구절이 먼저 계시되었는지 알 수 없다면 무슬림들에게 구속력 있는 법적 판결을 내릴 수 없습니다. 이 연대기에 관한 지식은 알-나시크와 알-만수크(*al-Nāsikh wa al-Mansūkh*, 법적 판결의 무효와 무효 대상)와도 직접적으로 연결됩니다.[5] 또한 결투나 음주 행위의 금지 같은 무슬림들의 여러 법령, 관습, 행실 등의 점진적 발전을 이해하고, 이러한 문제들이 역사적, 즉 선지자의 생애에 어떻게 발전했는지를 이해하기 위해서는 구절의 연대기를 아는 것이 중요합니다.[6]

---

5) 자세한 사항은 다음을 참조하십시오.

6) 예로써, 적과 전쟁에 관한 한 이 주제에 대해 계시된 첫 구절은 꾸란 22장 *Sūrah al-Ḥajj*입니다. 이 구절의 계시는 마디나 시기이며, 이것을 통해 무슬림들이 히즈라 이전에는 비무슬림들과 싸우려 하지 않았다는 것을 알 수 있습니다. 이는 우리들의 계획과 사고에 중요한

마카 장이나 마디나 장에 대한 지식에 대하여는 선지자가 직접 언급한 것이 아니고 사하바(교우)와 타비운(승계자)에 의해 전해졌습니다.[7] 그 당시에는 모두가 계시 과정을 잘 아는 증인이었기 때문입니다. 또한 이따금은 어느 부분이 마카 장이고 어느 부분이 마디나 장인지에 대한 내부 명시도 있습니다. 이를 구별하는 데 도움을 주는 몇 가지 안내 기준이 있습니다.

❖ 해당 주제가 마카 시기인가, 혹은 마디나 시기에 속하는 주제인가? 예컨대 전쟁에 관한 구절(9장 *Sūrah al-Tawbah* 5절)이라면 히즈라 이후에 계시됨

❖ 때로는 111장 *Sūrah al-Masad*의 아부 라하브(Abu Lahab)나 3장 *Sūrah al-Imran* 123절의 바드르 전투와 같이 꾸란 내용에 직접적 언급이 있음

❖ 장의 길이에서 대체로 마카 장은 짧은 데 비해 마디나 장은 더 긴데 그 반대도 있음. 예컨대 26장 *Sūrah al-Shuʻarāʼ*는 마카 계시로 227절이며, 8장 *Sūrah al-Anfāl*은 마디나 계시이며 75절임

마카 장은 일반적으로 짧은 데 비해 마디나 장은 길이가 더 깁니다. 예를 들어, 30번째 주즈는 543개의 마카 계시가 들어 있는 거의 대다수가 마카 구절이며, 18번째 주즈는 117개의 마디

의미를 갖습니다. 예를 들어, 오늘날 이슬람을 언어와 물리적 수단으로 방어해야 할 때를 결정하는 일입니다.

7) al-Bāqillānī, Qaṭṭān 앞의 책 55쪽에서.

나 계시가 들어있는 거의 대다수가 마디나 구절입니다.

그러나 양쪽 모두에 예외의 경우도 있습니다.

- ❖ 이야기 방식: 대체로 '믿는 사람들이여', '경전의 백성들이여'라는 표현은 마디나 계시를, '오, 인류'나 '오, 사람들'이라는 표현은 보통 마카 계시를 나타냄

- ❖ 주제의 내용: 마카 계시의 주제 중에는 '하나님의 유일성, 다신(多神), 부활의 날, 도덕적 부패, 선지자들의 이야기' 등이 있는데 이 주제들은 마디나 장에서도 발견되지만, 대개는 잠깐 언급될 뿐임. 마카 계시에서 발견되지 않는 마디나의 주제는 결혼, 이혼, 상속, 형벌 등에 관한 사회적, 법적 의미가 있음

- ❖ 이른바 후루프-타핫지(*Ḥurūf Taḥajjī*)라고 부르는 알리프(*Alif*), 람(*Lām*), 밈(*Mīm*) 등이 들어 있는 장들에서 2장 *Sūrah al-Baqarah*와 3장 *Sūrah al-'Imrān*을 제외한 나머지 19개의 장은 모두가 마카 소속임

- ❖ 칼라(*Kallā*)라는 단어가 들어 있는 모든 구절은 마카 소속임

- ❖ 사즈다(*Sajda*)라는 단어가 들어 있는 모든 장은 마카 계시임

- ❖ 50장 *Sūrah Qāf*를 시작으로 나머지 무파살(Mufaṣṣal) 장들 대부분은 마카 계시임

- ❖ 무나피쿤(Munāfiqūn, 위선자)에 대한 내용은 모두 마디나 계시이지만 오직 29장 *Sūrah al-'Ankabūt* 11절만은 마카 계시임

요약

마카 계시와 마디나 계시에 대한 지식은 꾸란학에 있어 매우 중요한 분야 중 하나입니다. 이는 단순히 역사적 관심사 뿐 아니라 각 구절을 이해하고 해석하는 데 특히 중요합니다. 꾸란의 여러 장들은 계시가 이루어진 두 시기의 내용을 담고 있으며, 어느 경우에서는 특정 구절 분류에 대한 학자들 간 의견 차도 있습니다. 그러나 전체적으로 볼 때, 그것은 잘 확립된 구별이며, 타프시르(꾸란 해석)의 과학에서 완전히 가져왔으며, 꾸란 자체의 본문에 대한 내적 증거에서 가장 잘 도출되었습니다.

아스바브 알-누줄

비록 역사에서 특정 시기와 특정 상황에 대해 논하는 여러 구절이 있더라도 꾸란은 장차 다가오게 될 모든 시대와 상황에 대한 지침을 위해 계시되었습니다. 아랍어 사바브(*Sabab*, 복수형 *Asbāb*)는 '이유, 원인'을 의미하며, 마아리파 아스바브 알-누줄(*Ma'rifa Asbāb al-Nuzūl*)이라고 하면 '계시 배경들에 대한 지식', 즉 꾸란 특정 구절의 계시와 관련된 역사상 특정 사건이나 특정 상황에 대한 지식을 의미합니다.

그 중요성

이 분야에서 가장 뛰어난 고전학자 중 한 사람인 와히디

(Wāhidī, 히즈라 468년/서기 1075년 사망)는 다음과 같이 썼습니다.

> 계시 배경과 내용에 대한 설명에 몰두하지 않는 한 계시 해석에 대한 지식을 구하기란 불가능하다.[8]

사바브 알-누줄(*Sabāb al-Nuzūl*, 아스바브 알-누즐의 단수형, 계시 배경)들에 대한 지식은 특정 계시가 일어났던 상황을 이해하는 데 도움이 되며, 그 의미를 밝히고 다른 상황에 대한 타프시르(꾸란 해석)와 적용에 대한 지침을 제공합니다. 특히 아스바브 알-누줄에 대한 지식은 다음을 이해하는 데 도움됩니다.

- ❖ 본문 속에서 발견할 수 있는 구절의 직접적이고 즉각적인 의미와 함축의 이해
- ❖ 법적 판결의 근간이 되는 직접 동기의 이해
- ❖ 구절 본래 의도의 이해
- ❖ 구절 의미가 구체적 적용인지 일반적 적용인지, 어떤 상황에서 적용되어야 하는지 이해
- ❖ 선지자 시대의 역사적 상황과 초기 무슬림 공동체 발전의 이해

> 예) 동쪽과 서쪽 모두가 하나님께 속하니, 그대가 예배 방향을 어느 쪽으로 향하든 그분께서 임재하심에, 어디에나 두루 계시며 모두 아심이라.(2장 *Sūrah al-Baqarah* 115절)

---

8) al-Wāhidī al-Nīsābūrī, *Asbāb al-Nuzūl*, 카이로, 1968, p.4.

계시 배경을 모르면 아마도 무슬림이 예배 드릴 때 어떤 방향을 향해도 괜찮다고 쉽게 결론지을 수 있습니다. 하지만 끼블라(마카의 카아바를 향한 예배)를 하지 않을 때, 그 예배가 무효화된다는 사실은 잘 알려져 있습니다. 이 계시가 있었던 상황은 그 의미를 다음과 같이 설명해 줍니다.

와히디(Wahidi)에 따르면,[9] 밤길을 떠난 한 무리의 무슬림들이 끼블라를 확인할 수 없었는데, 나중에야 자신들이 잘못된 방향을 향해 예배를 드렸다는 사실을 알게 되었습니다. 그들은 이 문제에 대해 선지자에게 조언을 요청했는데 선지자는 이 계시를 받을 때까지 침묵을 지켰습니다.[10] 이 같은 계시 배경을 염두에 둔다면, 예배 방향의 중요성에 대한 잘못된 결론으로 이르지 않을 것입니다. 어떤 학자들은 이 구절이 의도치 않고 어려운 상태에서 끼블라를 지키지 못한 사람들의 실수를 양해한다고 말합니다.

---

9) 앞의 책, pp.20-21.

10) 자비르 이븐 압둘라(Jābir b. ʿAbdullāh)가 전하는 바에 의하면, 와히디(Wāhīdī) 또한 꾸란의 장이 지원한다고 알려진 다른 상황들에 대해서도 알려 줍니다.
- 낙타를 타고 가면서 예배 방향이 움직이더라도 추가 예배를 드릴 수 있습니다(이븐 우마르에 근거).
- 선지자 교우들은 왜 자신들과는 다른 방향을 향해 예배한 아비시니아의 죽은 네구스 왕을 위해 기도하라는 명령을 받았는지 물었습니다(이븐 압바스와 아따아에 근거).
- 유대인들이 묻기를, "왜 무슬림들의 예배 방향이 바이트 알-마끄디스(예루살렘)에서 바뀌었는가?"(이븐 아비 탈하(Ibn Abi Talha)에 근거).
  Wāhīdī, 앞의 책, 21쪽을 참조하십시오. 이는 특히 쿠람 무라드(K. Murad)가 주의를 환기시킨 수유티의 견해를 지지하는 내용으로, 자르카쉬(Zarkashī)를 근거로 합니다(수유티, *Lubāb annuqūl*, 튀니스, 1981, 7쪽). 선지자 교우들이 꾸란의 장에 대하여 "그것은 …에 관한 계시였다(*Nazalat fī Kadhā*)'라고 말할 때, 그들은 아야(āya)의 계시에 대한 단일한 '원인'만을 서술하는 것이 아니라 선지자 생애 동안 특정 구절이 적용된 '상황들'을 지칭하고 있음을 의미합니다. 바로 여기에 꾸란 메시지를 이해하고 해석하는 큰 길이 열립니다.

알려진 방법

잘 알려진 아스바브 알-누즐은 선지자 무함마드의 신뢰할 만한 교우들에 의해 우리에게 연결되었습니다. 일반적인 하디스 과학에서처럼 오직 사히(Ṣaḥīḥ, 온건한 내용)로 여겨지는 경우에만 신뢰할 수 있습니다. 여기에 더해 특별 조건이 더 있다면 그 내용을 이야기하는 사람이 그 계시를 받던 시간과 장소에 함께 있어야 했다는 것입니다.[11] 선지자나 그분의 교우들에게 직접 연결되지 않는 타비운(승계자)에 의한 전달은 다아이프(Ḍaʿīf, 신뢰가 약한 보고)로 간주됩니다. 그러므로 글쟁이나 사람들의 어설픈 의견만으로 어떤 구절이 어떤 배경에서 계시되었다고 받아들일 수는 없습니다. 오히려 누가 이 일에 관련되는지, 그 사람이 직접 현장에 있었는지, 그것을 우리에게 전달한 사람이 누구인지 등을 정확히 알아야 합니다.

보고서 분류

아스바브 알-누즐에 대한 보고서에는 두 분류가 있습니다.

- ❖ 확정적 보고서
- ❖ 개연성 있는 보고서

첫 번째 분류인 확정적 보고서에서는 보고자가 자신이 이야기하는 내용이 사바브 알-누줄 임을 분명히 밝힙니다. 아래의

---

11) Wāḥidī, p.4.

예를 보겠습니다.

이븐 압바스가 전하길, '하나님과 선지자와 무슬림 지도자에게 복종하라⋯(4장 *Sūrah an-Nisa* 59절)'는 선지자가 압둘라 빈 후다파 빈 카이스 빈 아디('Abdullāh bin Ḥuḍāfa bin Qais bin 'Adī)를 사리이야(Sariyyah, 군 분견대)의 지휘관으로 임명했을 때 그와 관련하여 계시되었다.[12]

두 번째 분류인 개연성 있는 보고서에서는 보고자가 서술된 내용이 사바브 알-누줄이라는 사실을 명확히 밝히지 않고 개연 가능성을 암시합니다. 역시 아래의 예를 보겠습니다.

우르와('Urwa)가 전하길, 알-하르라(al-Ḥarra) 지역 산 개울에서 앗-주바이르(A az-Zubair)가 안사르(Anṣār) 출신 사람과 물 문제로 다툼이 있었습니다. 그때 선지자께서 말씀하시길, "주바이르여, 그대의 땅에 물을 댄 후 이웃으로 물이 흐르게 하라." 안사르 사람이 말했습니다. "하나님의 선지자시여, 그가 당신의 사촌이라 그런 말씀을 하십니까?" 이에 선지자께서 노여움에 얼굴이 붉어지며 말씀하셨다. "주바이르여, 그대의 땅에 물을 대고, 물이 네 땅의 담에 차오를 때까지 기다린 후 이웃으로 흐르게 하라."

앞선 선지자의 지시는 양쪽 모두를 위한 내용이었지만, 안사르 사람이 선지자의 분노를 불러일으킨 뒤에는 주바이르로 하여금 모든 권리를 행사할 수 있도록 해 주신 것입니다. 주바이르가 말했습니다. "이 구절

---

12) Bukhārī, 6권, No. 108.

이 그 일로 인해 계시되었다고는 여기지 않는다."

주님께 맹세하나니 아니로다, 그대가 저들 사이의 분쟁을 판결하기 전까지 믿음을 갖지 못하리라.(4장 *Sūrah an-Nisa* 65절) [13]

원인의 분류

꾸란의 특정 구절이 계시된 데에는 세 가지 '원인'이 연관되어 있습니다.

1. 사건이나 일반적 상황에 대한 응답으로서의 계시
2. 누군가가 던진 특정 질문에 대한 응답으로 주어지는 계시
3. 알려졌거나 알려지지 않은 다른 원인들에 대한 계시

다음은 세 가지 이유에 대한 사례입니다.

▶ 사건에 대한 응답

이븐 압바스가 전하길, 선지자께서 알−바사(al-Baṭḥāh)로 향하시다 산에 올라 외치셨습니다. "오, 사바하(Sabāḥāh)여!" 이에 쿠라이시 사람들이 주위에 모여들자 선지자께서 말씀하셨습니다. "보이십니까? 만약 내가 여러분에게 아침이나 저녁에 적이 공격할 것이라고 말하면, 여러분은 나를 믿겠습니까?" 그들이 "예" 하고 대답하자 그가 말했다. "그렇다면 명백히 나는 여러분에게 닥칠 무시무시한 겁벌에 대한 경고자입니다." 그러자 아부 라합(Abū Lahab)이 말했습니다. "고작 이까짓것 때

---

13) Bukhārī, 6권, No. 109.

문에 우리들을 불러모았다는 것인가? 비명횡사나 할 일이지!" 그러자
하나님께서 계시하셨습니다. "아부 라합의 손을 없애리라."(111장 *Sūrah
al-Masad* 1절)[14]

아부 라합과 관련된 이 구절은 아부 라합이 '비명횡사나 할
일이지!'라고 했을 때 이 사건에 대한 반응으로 계시되었습니
다.

▶ 특정 상황에 대한 대응

사파(Safāh)와 마르와(Marwāh)에 관한 꾸란 2장 *Sūrah al-
Baqarah* 158절은 선지자 시절 마카의 특정 상황에 대한 응답으
로 계시되었습니다.

> 우르와('Urwah)가 전하길, 내가 앗-사파(as-Safāh)와 알-마르와(al-
> Marwāh)를 왕복하는 싸이[Sa'i, 사파와 마르와라는 두 언덕 사이를 일
> 곱 번 왕복하는 수행 순례의 과정]에 대해 아이샤('Ā'ishah)에게 물었는
> 데, 그녀가 대답했습니다. "알-무샬랄(al-Mushallal)에 놓인 우상 마나트
> (Manāt)를 숭배하여 그 이름으로 이흐람(*Ihram*)인 양했던 사람들은 그
> 언덕 사이에 다른 우상이 자리잡고 있어 사파와 마르와 사이에서 싸이
> (*Sa'i*)를 하지 않았지요." 이에 하나님께서 계시하셨습니다. "사파와 마
> 르와는 진실로 하나님의 상징 중 하나임이라." 그 후 선지자와 무슬림
> 들은 두 언덕 사이에서 싸이를 수행했습니다. 수피얀(Sufyān)이 말했습
> 니다. "우상 마나트는 꾸다이드(Qudaid)의 알-무샬랄(al-Mushallal)에 있

---

14) Bukhārī, 6권, No, 496.

었습니다." 아이샤가 덧붙였습니다. "'이 구절은 안사르(Anṣār)와 관련하여 계시되었는데, 그들과 가산(Ghassan) 가문은 이슬람을 받아들이기 전까지 우상 마나트의 이름으로 이흐람을 행하고는 했지요." 아이샤가 또 덧붙였습니다. "안사르 사내들 중에는 마카와 마디나 사이 우상인 마나트의 이름으로 이흐람을 행하고는 했는데, 그들이 선지자에게 말하길, '선지자시여, 저희는 마나트를 숭배해 왔기에, 사파와 마르와 사이에 타와프(Ṭawāf, 곧 싸이)를 행하지 않았습니다.'[15]

이 상황에 대한 응답으로 꾸란 2장 *Sūrah al-Baqarah* 158절이 계시되었습니다.

▸ **선지자를 향한 질문들**

많은 경우에 무슬림들은 선지자에게 이슬람 신앙과 이슬람의 생활방식에 관한 질문을 했습니다. 선지자에게 제기된 그런 질문들에 대한 응답으로 계시된 여러 구절들 중의 한 예로 꾸란 4장 *Sūrah an-Nisa* 11절이 있습니다.

자비르(Jābir)가 전하길, 선지자와 아부 바크르는 내가 바누 쌀라마(Banū Salamah)의 집에서 앓아 누워 있는 동안 병문안을 위하여 걸어왔다. 의식을 잃은 나를 발견한 선지자는 물을 요청하여 그 물로 세정한 후 나에게도 조금 뿌리셨다. 의식을 차린 나는 선지자에게 물었다. "선지자시여, 저의 재산에 관련해 어떤 지시를 내리시겠습니까?" 이때 계시가 있었다. "그대 자식들의 상속에 대해 지시하심에⋯."(4장 *Sūrah an-*

---

15) Bukhārī, 6권, No. 384, 그리고 No. 22와 23.

Nisa 11절) [16]

질문 속 구절은 상속에 관한 내용으로, 자녀를 위한 상속 규칙을 다음과 같이 설명합니다.

하나님께서 그대 자식들의 상속에 대해 지시하심에, "남자에게는 두 여자의 몫과 같은 몫을 주되, 딸이 두 명이거나 그 이상이면 그 몫이 상속 재산의 3분의 2를 차지한다. 한 명만 있어도 그녀의 몫은 절반…."(4장 *Sūrah an-Nisa* 11절)

▸ **선지자 자신의 질문**

선지자 스스로 직접 질문하는 경우도 있었습니다. 꾸란 19장 *Sūrah Maryam* 64절은 선지자 무함마드의 그런 질문에 대한 응답으로 계시되었습니다.

이븐 압바스가 전하길, 선지자께서 천사 가브리엘에게 물었습니다. "지금보다 더 자주 찾아오지 못하는 이유가 무엇인지요?" 그때 이 구절이 계시되었습니다. "우리(천사)는 주님의 명령 없이 올 수 없음에, 우리의 앞과 뒤 모두가 그분에게 속해 있습니다…."(19장 *Sūrah Maryam* 64절) [17]

▸ **일반 질문에 대한 응답**

무슬림 공동체에서 제기되는 일반적 질문들에 관한 지침을

---

16) Bukhārī, 6권, No. 101.

17) Bukhārī, 6권, No. 255.

하달하는 계시가 내려진 경우도 많습니다.

> 사비트(Thābit)가 아나스(Anas) 이야기를 전했습니다. 유대인들 중에는 여인에게 생리가 찾아왔을 때 함께 식사를 하지 않았으며, 한 집에서 살지도 않았습니다. 그래서 선지자의 교우들이 이에 대해 질문 드렸을 때 고귀하신 하나님께서 계시하셨습니다. "그대에게 생리에 대해 물을 것이니. 말하라, 생리는 불결하므로 이를 마칠 때까지 여자들을 멀리하도록…."(2장 *Sūrah al-Baqarah* 222절) 하나님의 선지자(평화가 깃드소서)께서 말씀하셨습니다. "부부관계를 제외한 모든 일이 허용됩니다…."[18]

이런 내용은 어떤 의문점이 생길 때 선지자 자신이 그 계시 의미를 어떻게 설명했는지를 보여 주는 좋은 본보기입니다.

▶ **특정인에 관련**

꾸란 계시의 일부가 된 일반 규칙 중에는 때때로 특정 인물의 요구나 주변 환경에 우선 응답하기 위한 것도 있었습니다. 예컨대 꾸란 2장 *Sūrah al-Baqarah* 196절이 그 경우입니다.

> "그대들 중에 병들거나 두피에 질환이 있어서(면도를 해야 할 필요가 있다면), 반드시 단식하거나 적선하거나 희생을 바침으로 보상해야만 하리니…."

카압 빈 우즈라(Ka'b bin 'Ujrah)가 말하기를, '그대들 중에 병들거나 두

---

18) Muslim, 1권, No. 592.

피에 질환이라면'의 구절은 나와 관련해 계시가 되었는데, 내 머리에 이가 생겨 그걸 선지자께 알렸더니 말씀하셨다. "머리를 면도하고는 보상으로 3일간 단식하거나, 희생을 바치거나 여섯 사람에게 각각 1싸아 (Sa')씩 적선하십시오."[19]

이 내용은 꾸란 구절에 관해 선지자가 다시 설명하는 경우의 보기입니다. 다른 때에는 그런 계시가 어느 특정 인물이 아니고는 적용될 수가 없었습니다. 이에 대하여 가장 적당한 사례로는 이미 앞에서 얘기한 대로 꾸란 111장 *Sūrah al-Masad*의 아부 라합과 관련된 계시입니다. 또 다른 사례로 선지자 무함마드를 언급한 꾸란 75장 *Sūrah al-Qiyamah* 16절이 있습니다.

이븐 압바스가 하나님 말씀에 대해 전하길, "(꾸란)에 대해 그대의 혀를 재촉하지 말 것이니…(75장 *Sūrah al-Qiyamah* 16절)."

천사 가브리엘이 하나님의 선지자에게 성령을 전할 때 그는 매우 힘들어하며 입술을 움직였는데 그 단계는 계시가 일어나고 있음을 나타냈다. 그래서 하나님께서 꾸란 75장 *Sūrah al-Qiyamah*, "부활의 날을 두고 맹세하노라…"로 시작하는 계시를 보내 주셨다. 그 구절은 다음과 같습니다."

(꾸란)에 대해 그대의 혀를 재촉하지 말 것이니, 그대의 가슴속에 구절을 담아 낭송할 능력을 줌은 나의 일이도다."(75장 *Sūrah al-Qiyamah*

---

19) Muslim, 2권. No. 2735, 2738, 2739, Wāhīdī, 앞의 책, p.31. 1 Sa'는 대략 2.6kg 정도.

16-17절)[20]

여러 배경에 대한 하나의 계시

사하바(선지자 교우들)의 보고에 따르면, 특정 꾸란 구절 중에는 하나 이상의 사건, 상황 또는 질문에 대한 응답으로 계시되었거나, 특정 구절의 적용이 하나의 특정한 경우를 넘어 이루어진 것으로 보입니다. 다음의 예를 보십시오.

> 꾸란 112장 *Sūrah al-Ikhlās*는 첫째가 히즈라 이전 마카의 다신론자들에 대한 응답이고 두 번째는 히즈라 이후 마디나에서 마주친 아흘 알-키따브(*Ahl al-Kitāb*, 경전의 백성들, 유대인과 그리스도교인)에 대한 응답입니다.[21]

다른 사례로는 꾸란 9장 *Sūrah al-Tawbah* 113절이 있습니다. 이 구절은 처음 선지자의 삼촌 아부 딸리브(Abū Tālib)의 죽음과 관련해 계시되었습니다. 당시 무함마드가 말했습니다.

> "나에게 금지되지 않는 한 나는 당신을 위해(하나님께) 계속해서 용서를 구할 것입니다."

그때 계시가 왔습니다.

> "그들이 지옥 불의 동료가 분명함에도 친인척이라 하여 불신자를 위해

---

20) Bukhārī, 6권, No. 451.

21) *Itqān*, 1권, p. 35, Wāhīdī, 앞의 책, pp.262-263.

용서를 구하는 일은 선지자와 믿는 이들에게 온당치 않음이라."[22]

또 다른 경우의 보고는 교우들 특히, 우마르 빈 알-카탑('Umar b. al-Khaṭṭāb)이 묘지에 방문한 선지자가 하염없이 눈물 흘리는 장면을 목격한 경우입니다. 선지자는 당시 모친의 묘를 찾았었는데, 모친의 묘를 방문할 수 있도록 주님의 허락을 구해 승낙받았습니다. 하지만 모친을 위해 용서를 빌 수 있게 주님의 허락을 구했으나 그 허락은 내려지지 않았고, 위의 구절이 계시되었다고 설명했습니다.[23]

여러 계시와 하나의 배경

한 가지 특정 상황에 응답하는 여러 번의 계시에 대한 잘 알려진 예로 신뢰할 만한 보고가 있습니다. 그것은 "무슨 까닭으로 꾸란에서는 오직 남성만 보상받는 것으로 언급된 것입니까?"라고 묻는 움므 쌀라마(Umm Salamah)의 질문에 대한 답변입니다. 알-하킴(al-Ḥākim)과 티르미디(Tirmidhī)에 따르면, 그 질문에 대한 응답으로 꾸란 3장 *Sūrah al-Imran* 195절, 4장 *Sūrah an-Nisa* 32절, 33장 *Sūrah al-Ahzab* 35절이 계시되었습니다.

그들의 주님께서 대답하심에, "남성이든 여성이든 그대는 서로에게서 왔으며 그대들 가운데 어떤 일꾼의 일도 헛되어서는 안 되느니. 집을

---

22) Bukhārī, 6권, No. 197.

23) Wāḥīdī, 앞의 책, p.152.

쫓겨나 이주하고, 나의 길에서 고통받으며, 싸우다가 죽임당함에, 그들 잘못을 용서하여 강물 흐르는 낙원으로 초대할지니 이는 하나님 보상이며 최상의 보상이리라."(3장 *Sūrah al-Imran* 195절)

다른 사람에게 베푸신 하나님의 은총을 탐하지 말 것이니, 남성이 구한 것과 여성이 구한 것에 대한 각각의 몫이 있음에. 하나님께 보상을 구할 것이니, 전지전능 하심이니라.(4장 *Sūrah an-Nisa* 32절)

하나님께 계속 찬미 드리는 무슬림 남녀, 신앙심의 남녀, 헌신하는 남녀, 성실한 남녀, 인내하며 꾸준한 남녀, 겸허한 남녀, 자선 베푸는 남녀, 단식하는 남녀, 순결 지키는 남녀에게는 하나님께서 용서와 큰 보상을 준비하셨도다.(33장 *Sūrah al-Ahzab* 35절)[24]

사바브 알-누줄에 대한 엇갈린 견해

선지자 교우들이 계시를 언급하면서 사바브 알-누줄(*Sabab al-Nuzūl*, 계시 배경)에 대한 엇갈리는 견해가 있었다는 사실 또한 나타납니다. 이는 앞서 이야기한 것처럼, 하나의 특정 계시에 대해 다양한 아스바브 알-누줄(*Asbāb al-Nuzūl*, 계시 배경들)이 있었는데도, 그 상황을 전한 각 사람들은 여러 경우들 중 하나의 경우에만 참석했기 때문입니다. 그렇지 않으면 동일한 계시에 대해 여러 견해들이 있을 때, 울룸 알-하디스(*'Ulūm al-Hadīth*, 하디스학)의 규칙에 따라 각각의 타당성으로 판단되어야 하며, 그중 하나의

---

24) Ṣāliḥ, 앞의 책, p.148.

견해가 다른 견해들보다 더 강력한 것으로 판명될 것입니다. 다음의 예를 보겠습니다.

꾸란 17장 *Sūrah al-Isra* 85절에 대한 두 가지 보고가 있습니다.

이븐 압바스에 따르면, 티르미디(Tirmidhī)에 보고된 바와 같이 쿠라이쉬 사람이 유대인들에게 선지자에게 던질 만한 질문 내용을 알려달라고 하자, 그들은 알-루흐(*al-Rūh*, 성령)에 대해 물어보라 충동했습니다. 그때 꾸란 17장 *Sūrah al-Isra* 85절이 계시되었습니다.

부카리에 기록된 바와 같이 이븐 마수우드가 말하길, 선지자와 함께 농장에 있었는데, 야자나무 그늘 아래 쉬고 있을 때 유대인들이 지나가며 저희들끼리 말했다. "저 사람에게 성령(聖靈)에 관해 물어봅시다." 다른 사람들이 물었다. "무엇 때문에 그걸 물어보려는 거요?" 또 다른 사람들이 말했다. "당신들이 싫어하는 답을 줄지도 모르니 묻지 마시오." 하지만 그들은 결국 성령(聖靈)이 무엇인지 물었다. 선지자는 아무 대답 없이 조용히 계셨는데. 나는 그분이 하나님의 영감(靈感)을 받고 있다는 것을 알았기에 가만히 그 자리에서 있었다. 이윽고 하나님의 영감이 계시되었을 때 선지자가 말했다. "오 무함마드여! 저들이 성령에 대해 물을 것이니, 말하라! 성령에 대한 지식은 나의 주님과 함께 있음에, 인류에게 주어진 지식이란 아주 미천하도다."(17장 *Sūrah al-Isra* 85절)

첫 번째 보고가 비록 티르미디에 의해 정통 사히(*Ṣaḥīḥ*, 신뢰할 만한 전승)로 선언되었음에도 두 번째 보고가 더 강력한 것으로 간주됩니다. 이는 이븐 마수우드가 계시 현장에 직접 있었다고

말한 반면, 이븐 압바스에게는 그러한 정보가 포함되지 않았기 때문입니다.[25]

구체성 또는 일반성

또 다른 질문은 타프시르(꾸란 해석)의 분야로 직접 이어지지만 여전히 아스바브 알-누줄(계시 배경들)과 연결되어 있습니다. 어떤 사바브 알-누줄에 대해 알게 되었을 때, 그 계시와 관련된 특정 경우에 특정 의미를 지니는지, 아니면 일반적 의미로 모든 무슬림들이 항상 적용해야 하는지는 여전히 결정되어야 합니다. 아래의 예를 보겠습니다.

> 도둑이라면 남성이든 여성이든 손을 자를 것이니, 이는 그 범죄에 대한 하나님의 본보기 형벌임에, 하나님께서 권능이시도다.(5장 *Sūrah al-Maidah* 41절)

이 구절은 갑옷 한 벌을 훔쳐 상응하는 처벌을 받는 특정인에 관한 계시지만, 일반적으로 적용되는 내용입니다.[26]

아스바브 알-누줄이 아닌 내용

어떤 경우는 꾸란에 서술된 특정 사건의 배경을 학자들이 제공할 때도 있습니다. 이들은 분명 아스바브 알-누줄과는 직접적

---

25) Ṣāliḥ, 앞의 책, pp.145-146, Bukhārī, 6권, No. 245.

26) Wāhīdī, 앞의 책, p.111, 그리고 Tafsīr Ibn al-Jauzī, 베이루트, 1964, Vol. II, p. 348.

관계가 없지만 계시의 메시지를 이해하게 해 줍니다. 계시를 받은 즉각적 배경이나 현장을 보여 주는 직접적이고 신빙성 있는 방식으로 연관되지는 않습니다. 다음의 예를 보십시오.

그대의 주님께서 코끼리 무리들을 어떻게 다루셨는지 알지 못하는가?(105장 *Sūrah al-Fil* 1절)

타프시르에서 발췌한 아래 내용은 장(*Sūrah*)에 언급된 사건의 배경에 대한 정보를 담고 있지만, 아스바브 알-누줄의 분야에 속하지는 않습니다.

(코끼리 무리들은) 예멘에서 왔고 카아바를 파괴하려고 했다. 그들은 아비시니아(지금의 에티오피아) 출신이었으며 지도자는 아비시니아 사람 아브라하 알-아쉬람(Abraha al-Ashram)이었다.[27]

요약

아스바브 알-누줄에 관련된 꾸란학의 한 줄기는 꾸란 계시에 대한 올바른 이해와 설명을 위한 가장 중요한 지식 영역입니다. 꾸란 메시지는 미증유의 지침이지만 꾸란 구절은 역사의 특정 시점과 특정 상황에서 계시되었습니다. 의미 있는 해석을 위한 가장 핵심 단계 중 하나는 역사적 사건에만 붙어 있는 부분과 역사적 사건에 붙어 있으면서도 더 넓은 의미를 가지고 있는 부분을 구분하는 것입니다. 아스바브 알-누줄에 대한 지식은 다음과

---

27) Tujībī, *Mukhtaṣar Min Tafsīr al-Ṭabarī*, 카이로, 1970, 2권. p.529.

같이 이 둘을 구별하는 데 도움이 됩니다.

- ❖ 어떤 구절의 계시에 관련된 일과 상황을 명확히 함
- ❖ 선지자 교우들이 적절하고 적용 가능하다고 여겼던 상황들을 언급함으로써 그러한 구절 적용을 설명

나시크와 만수크

하나님의 계시는 꾸란에서 신앙, 역사, 선지자들의 이야기, 심판의 날, 낙원과 지옥 등 다양한 주제들을 다루고 있습니다. 그 중에서도 특히 중요한 점은 아흐캄(*Aḥkām*, 법적 판결)인데, 이는 하나님께서 바라는 법적 관계 방식이 사람들 간에 지켜지도록 규정하기 때문입니다. 이슬람의 기본 메시지는 늘 변함없이 동일하지만, 법적 판결은 시대에 따라 다양했으며, 무함마드 이전의 많은 선지자들은 각각 그들의 공동체를 위한 샤리아(*Sharī'ah*, 특별 법전)를 가졌었습니다.

아랍어 단어 '나시크(*Nāsikh*)'와 '만수크(*Mansūkh*)'는 모두 '폐기하다, 대체하다, 철회하다, 무효시키다'와 같은 의미를 지닌 동일한 어근 나사카(*Nasakhah*)에서 파생되었습니다. 능동 분사로서 '나시크'는 '무효화하는' 것을 의미하고, 수동태로서 '만수크'는 '무효된' 것을 의미합니다. 전문 용어로서 이 단어들은 꾸란 계시의 특정 부분을 가리키는데, "이 부분은 다른 부분에 의해

'무효화되었다"는 뜻을 가집니다. 따라서 자연스럽게 무효화된 구절은 '만수크(피폐기자)', 무효화시키는 구절은 '나시크(폐기자)'라 불립니다.

꾸란에서의 나스크

나스크(Naskh, 무효화)의 원칙은 꾸란 자체에 언급되어 있으며, 후대에서 적용한 역사적 발전이 아닙니다.

구절을 무효하거나 잊게 하는 이유가 무엇이든 간에, 그보다 더 나은 구절이나 그와 유사한 구절을 가져옴에. 하나님께서 무엇이든 할 수 있으심을 그대는 모르는가?(2장 *Sūrah al-Baqarah* 106절)[28]

발생 경위

이슬람 메시지가 아랍인들에게 그들의 생활방식과는 다른 새로운 제도로 소개되었을 때, 이것들은 단계적으로 제시되었습니다. 사람들이 이 새로운 처방에 적응할 수 있도록 꾸란은 중요한 변화들을 점진적으로 가져왔습니다. 아래의 예를 보겠습니다.

음주와 관련해 꾸란에는 세 구절이 있습니다. 음주 문화는 이슬람 이전 시대에 널리 퍼져 있었고 사회악이었음에도 매우 존중되었습니다. 마

---

28) 꾸란 이전의 계시들을 말하며 꾸란 자체로서 대체된다고 말하는 사람들도 있습니다. Mawdūdī, *The Meaning of the Qur'ān*, 라호르, 1967. Vol. 1권, p.102, 주석 109를 참조하십시오.

침내 중독 물질의 금지로 이끈 세 구절 꾸란 4장 *Sūrah an-Nisa* 43절, 2장 *Sūrah al-Baqarah* 219절, 5장 *Sūrah al-Maidah* 93-94절이 단계적으로 계시되었습니다.

중요한 이유

알-나시크 와 알-만수크(*al-Nāsikh wa al-Mansūkh*)는 하나님의 법령을 올바르고 정확하게 적용시키는 일과 직접적으로 연관되므로 매우 중요한 지식입니다. 특히 법령 계시와 관련됩니다.

❖ 타프시르를 위한 중요한 전제조건 중 하나입니다.

❖ '후꿈(규정, *Ḥukum*) 또는 샤리아'(이슬람 법)를 이해하고 적용하기 위한 중요한 전제조건 중 하나입니다.

❖ 이슬람 법의 역사적 발전 과정을 조명합니다.

❖ 관련된 구절의 직접적 의미 이해에 도움됩니다.

타프시르나 법적 판결은 이 지식이 없는 사람에게는 허용될 수 없습니다.

확인 방법

아스바브 알-나줄의 경우와 마찬가지로, 알-나시크 와 알-만수크(*al-Nāsikh wa al-Mansūkh*)에 대한 정보 역시 개인의 단순 의견이나 추측과 풍문에 근거할 수 없으며, 울룸 알-하디스('*Ulūm al-Hadīth*, 하디스학)에 따르면, 신뢰할 수 있는 보고에 근거해야 하며, 선지자와 그분의 교우들과도 연결되어야 합니다.

내용 또한 계시의 어느 부분이 알-나시크이고 또 어느 부분이 알-만수크인지 정확히 명시해야 합니다. 몇몇 학자들은 알-나시크와 알-만수크를 확인하는 세 가지 방법이 있다고 말합니다.

1. 선지자나 교우들의 보고
2. 이즈마(*Ijmā*, 합의): 어느 구절이 나시크이고 어느 구절이 만수크인지에 대한 공동체 합의
3. 계시의 과정에서 먼저 계시된 꾸란 구절에 대한 지식[29]

예를 들어 보겠습니다.

부인을 남겨 두고 세상을 떠난다면, 그 부인들은 (재혼을 위해)넉 달 열흘을 기다려야 하리니….(2장 *Sūrah al-Baqarah* 234절)

위 구절에 관해 무자히드(Mujāhid)가 전하길, 미망인은 이 기간을 기다리는 동안 남편의 가족과 함께 지내야 하므로 하나님께서 다음과 같이 계시하셨다.

"부인을 남겨 두고 세상을 떠난다면, 미망인을 내쫓을 것이 아니라 1년의 거주와 보호를 유언으로 남길 것이며, 만약 미망인이 재혼을 위해 떠난다면 이는 명예로운 일이니 비난할 이유가 없도다."(2장 *Sūrah al-Baqarah* 240절)

하나님께서는 미망인에게 7개월 20박의 추가 권리를 부여하시어, 이

---

29) Qaṭṭān, 앞의 책, p.199.

렇게 1년을 완성시켜 주셨다. 그녀가 원한다면, 유언에 따라 (죽은 남편의 집에)머물 수 있고, 하나님 말씀대로(남편의 집에) 머물 수 있지만, 만약에 (죽은 남편의 집을)떠난다면 당신에게 책임이 없다. 따라서 이 개념(즉, 4개월 10일)은 미망인에게 의무적인 것이다. 아타아(Ata)가 말했다. 이븐 압바스가 말하길, 하나님께서 말씀하신… '집에서 내보내지 말고…'구절은 무효가 되었기에, 미망인이 죽은 남편의 집에서 '잇다(*'Iddah*, 미망인의 금혼 기간, 4개월 10일) 동안 머물러야 하는 의무가 취소되었으며, 원하는 곳 어디서든 이 기간을 마칠 수 있다. 아타아가 계속 말하길, 그녀가 원한다면 유언에 따라 죽은 남편의 집에 머물면서 자신의 '잇다'를 완료할 수도 있고 하나님 말씀에 따라 떠날 수도 있다.

"그녀 스스로가 하는 일에 대하여 그대를 탓할 수 없음이라…."

아타아가 덧붙였습니다. 이후 상속 규정이 만들어져 미망인이 (죽은 남편의 집에)거주해야 하는 규정을 폐기하고, 미망인이 원하는 곳 어디서든지 '잇다'를 완료할 수 있게 했으며 더 이상 그녀에게 거주지를 제공할 필요도 없어졌다.

이븐 압바스가 말하길, 이 구절은 미망인이 죽은 남편의 집에 머물러야 한다는 규정이 폐지되었으며 미망인은 하나님 말씀대로 '집밖으로 내보내지 않고…' 원하는 곳 어디에서건 '잇다' 를 완료할 수 있게 되었다.[30]

---

30) Bukhārī, 2권, No. 54.

이 보고서는 계시의 어느 부분이 나시크이고 어느 부분이 만수크인지 명확하게 설명합니다. 무자히드(Mujāhid)는 잘 알려진 승계자 중 한 명이었고 이븐 압바스는 선지자의 교우였습니다.

무효화되는 것

일부 학자들에 따르면 오직 꾸란만이 꾸란을 무효화할 수 있습니다. 그 근거는 꾸란 2장 *Sūrah al-Baqarah* 106절과 16장 *Sūrah an-Nahl* 101에 있습니다. 그들에 따르면 꾸란은 순나를 무효화하지 않으며, 순나 또한 꾸란을 무효화하지 않습니다. 이는 특히 샤피(Shāfiʿī)가 견지하는 관점입니다.[31] 다른 학자들은 꾸란 53장 *Sūrah an-Najm* 3-4절을 근거로 꾸란은 꾸란을 무효화하며 순나 역시 무효화한다는 의견입니다.

또한 나스크(무효화)에는 다음의 네 종류가 있다는 견해도 있습니다.

1. 꾸란이 꾸란을 무효화한다.
2. 꾸란이 순나를 무효화한다.
3. 순나가 꾸란을 무효화한다.
4. 순나가 순나를 무효화한다.[32]

---

31) 자세한 내용은 다음을 참조하십시오. *Kitāb al-Risālah*, 카이로, 연대 미상, pp.30-73. M. Khadduri의 영문판, 앞의 책, pp.123-145. ash-Shāfiʿī의 간략한 요약으로 Seeman, K.의 *ash-Shāfiʿīs Risala*(라호르,1961. 53-85쪽)을 참조하십시오.

32) Qaṭṭān. 앞의 책. pp.201-202.

이 자리에서 우리는 순나의 무효화는 제껴 놓고 꾸란의 무효
화만을 고려해 보겠습니다.

꾸란 속 세 가지 나스크[33]

학자들은 꾸란 속 나스크(무효화)의 종류를 세 가지로 구분했
습니다.

1. 법적 규정과 함께 낭송되는 구절의 무효화
2. 낭송되는 구절을 남기고 법적 규정만 무효화
3. 법적 판결 없이 발표되었던 구절의 법적 규정을 남기고 낭
   송되는 무효화

▶ 법적 규정과 함께 낭송되는 구절의 무효화의 사례

아이샤(Aʾishah)가 전하길, "같은 유모의 젖을 열 번 이상 함께 수유했던
아이들이 서로 결혼하는 건 불법이다[서로 남매로 여겨지므로]'라는
구절은 선지자께서 세상을 떠나기 전에 계시된 '다섯 번 이상'이라는
구절에 의해 무효화되었으며, 교우들이 이 내용을 낭송했다"고 전했습
니다.'[34]

▶ 낭송되는 구절을 남기고 법적 규정만 무효화의 사례

"선지자여! 지참금을 지급했거나, 그대가 해방시킨 전쟁 포로나, 사촌

---

33) Ibn Salāma, *al-Nāsikh wa al-Mansūkh*, 카이로, 1966, p.5.

34) Muslim, 2권, No. 3421.

및 외사촌 여인들, 그대와 함께 (마카에서)온 이주민들, 그리고 선지자가 결혼을 원한다면 영혼으로 헌신하는 모든 믿는 여인을 그대에게 결혼을 허락하니, 이는 오로지 그대만을 위함으로써 모든 신자들을 위함이 아니로다. 그들 부인과 그들 포로들에게 대해 허용된 것을 잘 알고 있음에, 그대에게 곤란이 없게 함이니 하나님께서는 용서하시며 자애하시도다."(꾸란 33장 *Sūrah al-Ahzab* 50절)

이후부터는 어떤 여인도 그대에게 허용되지 않은 한 합법적이지 않으니, 아름다운 여인이라도 부인을 바꿀 수 없으니, 하나님께서 모두를 보고 계시도다.(꾸란 33장 *Sūrah al-Ahzab* 52절)

이는 선지자에 관한 내용이지만, 일반 무슬림의 경우 아내의 수가 4명으로 제한되었으므로 선지자에 관한 내용을 무효화하는 나스크의 매우 분명한 보기 중 하나입니다.(꾸란 4장 *Sūrah an-Nisa* 3절)

▸ **법적 규정을 남기고 낭송되는 무효화의 사례**

우마르 빈 카타브가 선지자의 연단에 앉아 한 말을 압둘라 이븐 압바스가 전하길, 하나님께서 무함마드를 보내시며 성서 또한 보내셨음에, 돌팔매의 구절이 들어있어 우리는 이를 이해하고 마음에 담아 낭송합니다. 선지자께서는 기혼 남녀의 간음 간통을 돌팔매 사형으로 벌하셨으며 이후 우리도 역시 돌팔매로 벌했습니다. 이제 시간이 지남에 따라 사람들이 이를 잊으며 "하나님의 책에서 돌팔매의 처벌을 찾을 수 없다"고 말하며 이를 거부함으로써 길을 잃을까 두렵습니다. 돌팔매는 기

혼 남녀의 간음 간통의 증거가 확실하거나 임신과 고백에 대한 하나님 성서에서 확립된 의무입니다.[35]

기혼남녀의 간음 간통죄에 대한 돌팔매질 처벌은 순나에 그대로 남아 있는 반면, 꾸란에는 포함되지 않았습니다.

무효화된 구절

이븐 쌀라마(Ibn Salāmah)에 따르면,[36] 이 주제에 대해 잘 알려진 내용들은 다음과 같습니다.

- ❖ 43개 장에는 나시크나 만수크가 없음
- ❖ 6개 장에서 나시크는 있지만 만수크는 없음
- ❖ 40개 장에 만수크가 있지만 나시크는 없음
- ❖ 25개 장에는 나시크와 만수크가 있음

수유티의 이트칸(Itqān)에 따르면, 꾸란에 어떤 계시가 다른 계시에 의해 무효화된 사례는 21개가 있습니다. 또한 이들 중 어떤 것에는 의견 차이가 있음을 지적하는데, 예를 들면, 4장 *Sūrah an-Nisa* 8절, 24장 *Sūrah an-Nur* 58절 등이 여기에 해당됩니다.[37] 일부 학자들은 해당 구절에 법적 폐지와는 관련이 없거나, 어떤 이유로 무효화되는 이유에 신빙성이 없다는 등 특이점을

---

35) Muslim, 3권, No. 4194, Bukhārī, 8권, No. 816.

36) 앞의 책, 이들 장의 이름은 29-33쪽을 참조하십시오.

37) *Itqān*, 2권, pp.20-23, Kamāl, 앞의 책 101-109쪽에서는 수유티의 전체 목록도 제공합니다.

설명함으로써 꾸란 구절에서 나시크 개수를 줄이려고 합니다. 인도의 저명 무슬림 학자 샤 왈리울라(Shāh Walīullāh, 1759년 사망) 는 수유티의 21개 사례 중 다음 5개만을 진짜로 인정했습니다.

만수크	나시크
2장 *Sūrah al-Baqarah* 180절	4장 *Sūrah an-Nisa* 11-12절
2장 *Sūrah al-Baqarah* 240절	2장 *Sūrah al-Baqarah* 234절
8장 *Sūrah al-Anfal* 65절	8장 *Sūrah al-Anfal* 62절
30장 *Sūrah ar-Rum* 50절	33장 *Sūrah al-Ahzab* 52절
58장 *Sūrah al-Mujadalah* 12절	58장 *Sūrah al-Mujadalah* 13절

수유티가 언급한 사례 중 직접적으로 법적 함의가 없는 사례 는 다음과 같습니다.

이븐 압바스가 전하길, "그대들 중 끈기로 인내하는 20명이 있다면, 200명을 누를 수 있으리라"는 구절이 계시되었을 때, 한 명의 무슬림이 열 명의 비무슬림을 상대해 피할 수 없는 의무가 되어 무슬림들에게는 견디기 어려운 일이었는데, 하나님께서 이를 가볍게 해 주시고자 다시 계시를 보내셨습니다. "그대들의 약점을 잘 아시는 하나님께서 임무를 덜어 주시니, 그대들이 끈기로 인내한다면 100명이 200명을 누를 수 있으리라."(8장 *Sūrah al-Anfal* 66절)

그리하여 하나님께서 무슬림이 맞서야 할 적의 수를 줄이셨을 때, 그

들 임무가 가벼워진 만큼 적에 대한 그들의 끈기와 인내심도 줄었습니다.[38]

또한 일부 학자들은 이 문제에 대해 선지자에까지 거슬러 연결되는 사히(Saḥīḥ, 신뢰할 만한 보고)는 없으며, 교우들에게 연결되는 내용은 서로 모순된다는 견지를 유지합니다.[39] 어쩌면 그들에게 있어 나시크나 만수크 문제는 별로 중요한 일이 아닌지 모르겠지만, 꾸란에서 때때로 무효화되는 구절이 발생한 것은 분명하기에(예컨대, 상속에 관한 꾸란 2장 *Sūrah al-Baqarah* 180절, 4장 *Sūrah an-Nisa* 7-9절 등) 이 주제를 완전히 무시하는 것은 잘못된 일입니다.

---

38) Bukhārī, 6권. No. 176.

39) 알리, M.M., 『이슬람 종교(*The Religion of Islam*)』, 라호르, 1936, 32쪽. 주제에 대한 알리의 조치는 매우 적절치 못하다는 지적이 일 수 있습니다. 그의 의견을 뒷받침하기 위하여 인용하는 세 가지 예(대부분 경우에서, 보고가 무효화된 구절 하나만을 전하는 어느 한 교우에게만 연결되는 반면, 또 다른 보고는 그 구절이 무효화되지 않은 사실을 다른 교우에게 연결됨. 33쪽) 중에서 그는 분명히 두 가지 모두 찬성하지 않을지라도 세 번째는 쉽게 설명할 수 있을 것입니다. 첫 번째 경우는 꾸란 2장 *Sūrah al-Baqarah* 180절 (유산에 관한)내용인데, 분명 이 구절은 다른 구절로 대체되었으며, 아마도 무효가 되었다고 했을 때 그것이 의미하는 전부일 것입니다. 즉 꾸란 4장 *Sūrah an-Nisa* 7-9절. 알리의 두 번째 경우인 꾸란 2장 *Sūrah al-Baqarah* 184절에서 이븐 우마르는 무효가 된 것으로 여기는데, 이븐 압바스는 그렇지 않다고 말합니다. 아래를 보면, 바로 이 하디스를 이븐 압바스가 인용한 내용인데(부카리, 6권, No.32), 이븐 압바스 자신이 이 내용을 유용하게 보는 이유를 설명합니다. 세 번째는 첫 번째 경우와 마찬가지로 알리를 전혀 지지하지 않는 경우입니다. 이븐 주바이르에 따르면, 꾸란 2장 *Sūrah al-Baqarah* 240절이 무효화된 반면 무자히드(Mujāhid)는 그렇지 않다고 말합니다. 이것은 잘못입니다. Ṣaḥīḥ Bukhārī의 6권, No. 53, 54번을 보면 두 사람 모두 이 내용이 무효화되었다고 하며, 더군다나 두 사람은 모두 승계자들이지 교우는 아닙니다.

무효화와 구체화

당연히 무효화와 구체화 사이에는 차이가 있습니다. 후자는 한 계시가 다른 계시를 이해하는 방법에 대해 더 자세하고 특정 상황에 맞게 설명한다는 의미입니다.

꾸란 2장 *Sūrah al-Baqarah* 183절에서 말합니다. "그대 믿는 이들에게 단식이 정해졌으니…."

아타아가 전하길, 그는 이븐 압바스가 "가능한 사람들에게는 속죄의 길이 있을지니, 그것은 가난한 자를 먹이는 일이라"는 꾸란 2장 *Sūrah al-Baqarah* 184절을 낭송하는 것을 들었습니다.

이븐 압바스가 말했습니다. "이 구절은 폐지된 것이 아니라 단식할 힘이 없는 노인들을 위한 내용으로, 단식 대신 그날마다 가난한 사람 한 명을 먹여 살려야 합니다."[40]

여기에서 두 번째 구절(2장 184절)은 첫 번째 단식 관련 구절(2장 183절)을 무효화하는 것이 아니라 약한 노인들의 단식 손실을 만회하는 특수 상황을 설명하고 있음이 매우 분명합니다. 같은 맥락에서, 주류에 관한 문제도 무효화한다기보다 구체화하는 설명으로 이해될 수 있습니다(4장 *Sūrah an-Nisa* 43절, 2장 *Sūrah al-Baqarah* 219절, 5장 Sūrah al-Maidah 93-94절을 참조하십시오).

---

40) Bukhārī, 6권, No. 32.

요약

꾸란 2장 106절은 나스크(*Naskh*, 무효화)의 개념을 언급하지만, 실제로 꾸란 본문에서 얼마나 무효화하고 무효화되는 알-나시크 와 알-만수크(*al-Nāsikh wa al-Mansūkh*)가 발생하는지에 대해서는 의견 차이가 있습니다. 꾸란 법규를 무효화하거나 무효화되는 알-나시크 와 알-만수크에 대한 정보는 매우 조심해 다루어야 하기에 모든 보고에는 두 명의 독립 증인이 요구됩니다. 이 문제를 설명하기 위해 학자들이 제시한(저 역시 같은 목적으로 인용하지만) 여러 보기들의 근거는 오직 각각 한 사람에 기반합니다. 오로지 아이샤만이 다섯 번 혹은 열 번의 젖 물림에 대한 꾸란 낭송을 보고했으며, 돌팔매의 구절이 꾸란 본문에 포함되었다는 내용은 오직 우마르에 의해서만 보고되었습니다. 이 법적 판결들은 꾸란에 포함되지 않은 게 명백한데, 이는 한 명의 증인만을 기준으로 했기에 신뢰할 수 없다고 간주되기 때문입니다. 마찬가지로, 오로지 이븐 압바스나 무자히드의 말에만 근거로 한 나시크에 관한 다른 보기들도 같은 잣대로 판단되어야 합니다. 그럼에도 앞서 언급한 바, 꾸란 본문에서 증명하는 다른 구절에 의해 무효화된 몇몇 구절들은 여전히 남아 있습니다.

다양한 형태

알-아흐루프 알-사브아(*al-Aḥruf al-Sabʿa*)가 무엇을 의미할까요?

사브아(*Sab'a*)는 '일곱'을 의미하고, 아흐루프(*Aḥruf*)는 하르프(*Ḥarf*)의 복수형으로 '가장자리, 테두리, 글자, 단어' 등 여러 의미를 담고 있습니다. 전문 용어로 알-아흐루프 알-사브아(*al-Aḥruf al-Sab'a*)는 꾸란이 전달되는 다양한 방식을 설명하며, 또한 본문을 작성하는 여러 형태를 표현합니다.

예컨대, 서체의 차이는 무시하고 부록의 그림 7과 8의 두 가지 버전의 꾸란 2장 *Sūrah al-Baqarah* 9절을 읽어 보기 바랍니다. 첫 번째 꾸란은 북아프리카에서 온 꾸란이고 두 번째는 요르단에서 온 꾸란입니다.

북아프리카 버전에는 '유카디우나(*Yukhadi'una*, 속인다)'라는 단어가 두 번 반복되는 반면, 요르단 버전에서는 두 번째 순간에 '우카다우나(*Ukhda'una*)로 바뀌어 나오는데, 두 가지 모두 올바로 수용된 발음으로 전승되었습니다. 또한 문법이나 정확한 언어 관점에서도 문제 삼을 게 없으며, 모음 부호가 없는 글자는 두 가지 읽기 방식 모두 가능하다는 점에서 이러한 차이는 문제되지 않습니다.

쿠라이쉬 언어

꾸란이 계시되던 선지자 무함마드 시대에 아랍 부족들은 반도 전역에 흩어져 있었으며, 각각 독특한 단어와 관용구를 포함한 여러 방언을 구사했습니다.

쿠라이쉬 언어는 아라비아의 무역과 순례의 중심지에서 사용되면서 많은 영향을 받아 '상류 아랍어'의 한 형태로 발전했습니다. 따라서 이 언어는 분명 특정 부족에 국한되지 않고 모든 사람들에게 계시의 메시지를 전달하는 가장 적합한 언어로 간주되었습니다.

일곱 가지 방식

하디스는 꾸란 계시가 사실상 일곱 가지 방식(알-아흐루프 알-사브아, *al-Aḥruf al-Sab'a*)로 이루어졌다고 보고합니다. 이 사실은 선지자의 교우 열 사람 이상이 전했는데, 그중에는 아부 바크르, 우마르, 우스만, 이븐 마스우드, 이븐 압바스 등이 있습니다.[41]

다음은 하디스 부카리(Bukhari)의 내용입니다.

> 압둘라 빈 압바스가 전한 바에 따르면 선지자께서 말씀하시길, "가브리엘이 나에게 한 가지 방식으로 꾸란을 낭송해 주었는데, 그에게 다른 방법으로 읽어 달라고 계속해서 요청했더니, 그는 여러 방식으로 읽어 주다 궁극적으로 일곱 가지 방식으로 읽어 주었다오."[42]

한 번은 우마르가 히샴이 꾸란 *Sūrah al-Furqan*을 자신이 선지자께 들은 방식과 달리 낭송하는 것을 듣고 선지자께 불평을 토로했습니다. 선지자께서 말씀하셨습니다. "꾸란은 일곱 가지 방식으로 읽을 수 있도록 계시되었으니, 여러분은 쉬운 대로 낭

---

41) *Itqān*, 1권, p.41.

42) Bukhārī, 6권, No. 513.

송하십시오."[43)]

쌀만은 선지자와 함께 있었던 자리에서 꾸란 5장 *Sūrah al-Maidah* 82절을 아래 두 가지 방식으로 낭송했는데, 그 첫 번째 방식은 현재 꾸란 본문에 포함되어 있으며, 두 번째 방식은 우바이 빈 카압(Ubay b. Ka'b)에 따른 변형 낭송이라고 전해집니다.[44)]

1. 달리카 비안나 민훔 끼씨시나 와 루흐바나(*Dhalika bi-anna minhum Qississina wa Ruhbanah*).
2. 달리카 비안나 민훔 싯디끼나 와 루흐바나(*Dhalika bi-anna minhum Siddiqina wa Ruhbanah*).[45)]

무슬림 학자들은 꾸란 메시지가 여러 방식으로 계시됨으로써 무슬림 공동체에 기여하는 여러 이점을 설명했습니다. 그중 가장 중요한 것들은 다음과 같습니다.

❖ 선지자 시대에는 많은 사람들이 문맹이었으므로 낭독, 발음, 암기를 더 쉽게 하기 위해
❖ 하나의 공통 언어를 기반으로 새로운 무슬림 공동체를 통합하기 위해. 구어체에 따른 약간의 변형을 허용하면서도 쿠라이쉬족의 아랍어를 사용함
❖ 언어 영역에서 꾸란의 독특한 특성을 보여 주기 위해

---

43) Bukhārī, 6권, No. 514.

44) Ibn Abī Dawūd, p.129.

45) 앞의 책, p.103.

❖ 의미와 법적 판결의 영역에서 꾸란의 독특한 특성을 보여
주기 위해

❖ 법적 판결을 더 자세히 설명하기 위해

학자들의 견해 차

일곱 가지 낭송 형태라는 주제에 대하여 고전학자들 사이에
다른 의견(이크틸라프, *Ikhtilāf*)들이 있는데 어떤 학자들은 그 차이
가 서른다섯 가지에 달한다는 주장까지 제기합니다.[46]

일곱 가지 형태에 대한 의견 차 중에는 다음과 같은 내용들이
있습니다.

❖ 계시 당시에 아랍인들 사이에 철자(spelling)에 영향을 미칠
수 있는 꾸라이쉬(Quraish), '후다일(Hudhail), 따밈(Tamīm) 등
서로 다른 발음 방식을 사용했습니다. 예를 들면 다음과 같
습니다.

알-타부(*al-Tabuh*)**와 알-타부트**(*al-Tabūt*) (2장 *Sūrah al-Baqarah* 248
절)[47]

이야카(*Iyāka*) **대신 히야카**(*Hiyāka*) (1장 *Sūrah al-Fatihāh* 5절)

핫따(*Hattā*) **대신에 앗따**(*Attā*) (12장 *Sūrah Yusuf* 35절)

---

46) *Itqān*, 1권, p.45.

47) Kamāl. 앞의 책, p.46.

* 이는 또한 꾸란에서 다양한 언어에서의 단어를 사용한다는 것을 의미할 수 있습니다(가장 타당성 있는 견해 중 하나로 간주됨).

* 꾸란 내 동의어 어법, 즉 동일한 하나의 개념을 여러 표현으로 묘사하는 것을 의미합니다. 잘 알려진 예로 꾸란 101장 *Sūrah al-Qariah* 5절에서는 '칼 이흐닐 만푸슈(*Ka-l-'ihni-l-Manfūsh*)'로 읽지만, 다른 버전에서는 '캇 수피일 만푸슈(*Ka-ṣ-sūfi-l-Manfūsh*)'라고 읽히며, 둘 다 '양털을 가지런히 하다'는 뜻을 가집니다. 꾸란 1장 *Sūrah al-Fatihāh* 6절에서는 이흐디나(*Ihdinā*) 대신 아르쉬드나(*Arshidnā*)라고 낭송된 사례도 있습니다.[48]

* 계시의 다양한 측면, 예컨대 명령, 금지, 약속, 내레이션 등과 같은 것들이 있습니다.

* 꾸란 단어와 구조를 읽을 수 있는 일곱 가지 방식이 있습니다. 예컨대 꾸란 23장 *Sūrah al-Muminun* 8절에 나오는 '아마나티힘(*Amānatihim*, 신뢰)'은 모음 없는 평문에서 읽을 때 단수형 '*li-Amānatihim*'으로도 또는 복수형 '*li-Amānātihim*'으로도 읽을 수 있습니다.

* 특정 구절에서 약간의 다른 표현이 있습니다. 예컨대, 꾸란 9장 *Sūrah al-Tawbah* 100절에서 "아래로 강이 흐르는 정원"

---

48) 두 가지 모두 이븐 마수드의 보기이며, 이 견해는 여러 방언에 대한 생각과 매우 밀접하고, 또 많은 학자들도 이런 동의어의 사용을 '7가지 방식'을 의미하는 것으로 받아들이는 경향이 있습니다.

이라고 읽으면서 본문에는 '~에서(min)'를 추가해 "강이 흐
르는 정원에서"로 되어 있습니다.
* 다양한 발음 방식, 예컨대 구개음화, 자음접변 등이 학자들
에 의해 매우 상세하게 설명되어 있습니다.[49)]

이 같은 학자들 간 견해 차에도 불구하고, 오리엔탈리스트들
조차도 "우스만의 자음 형태에 기반한 병행 낭독을 바탕으로 주
요 교리의 차이가 형성되지는 않으며, 이는 그[우스만]의 무스하
프(Mushaf, 꾸란 필사본)가 아닌 다른 것에 기인한 것이다"라는 점
을 인정합니다. 서로 경쟁하는 낭독은 모두 의심할 여지없이 하
나의 동일한 텍스트를 나타내며, 그것들이 전달하는 내용은 실
질적으로 일치합니다.[50)]

요약

여러 의견들 중 일부는 앞에서 예시로 나열했으며, 일반적 본
보기로 통용될 만한 결론은 '일곱 가지 방식'이 꾸란을 낭독하
는 독특한 여러 방식의 기초를 이룬다는 점입니다. 이는 계시 당
시의 다양한 용법을 반영하며, 발음 변화는 물론 사소한 어법 차
이까지 포함합니다. 그렇지만 '일곱 아흐루프(Aḥruf)'는 잘 알려
진 일곱 낭송 방식과는 다르며 후대에 생겨났습니다. 비록 '일곱
가지 낭송 방식'에 담겨 있는 많은 부분이 '일곱 아흐루프'에서

---

49) 이 관점은 별로 논쟁을 불러일으키지 않기에 대부분이 호의적입니다.

50) Burton, J., *The Collection of the Qur'ān*, 캠브리지, 1977, p.171.

도 발견되지만 일부 차이점이 있는데, 이는 일곱 가지 낭송 방식을 논의할 때 설명될 것입니다. 아흐루프에 대한 보기는 단지 몇 가지만 전해지는데 이는 낭송법보다는 타프시르(꾸란 해석)에 있어 더 중요합니다.

꾸란의 일곱 방식

어떤 학자들[51]은 현재의 꾸란이 일곱 가지 방식 중 하나만을 택하고 나머지는 구두로 전달된다는 주장을 펼치기도 하지만, 지금 우리 눈앞에 있는 꾸란에 일곱 가지 방식이 모두 포함되었다는 견해에 대한 증거도 분명합니다.

* 아무도 꾸란을 바꾸지 않음
* 현재의 본문은 교우들의 증언을 바탕으로 구두와 필기로 작성되었으며, 선지자에게 직접 연결됨
* 꾸란은 하나님의 보호를 받음

다양한 낭송

끼라아(Qirā'a, 복수형 끼라아트, Qirā'āt)는 까라아(Qara'a), 즉 '읽기, 낭송'이라는 단어에서 파생되었습니다. 꾸란이라는 단어도

---

51) 즉 타바리(Tabarī)의 꾸란 구절 해석집 Jāmi' al-Bayān 'an Ta'wīl Āyāt al-Qur'ān(카이로, 1968). 이 해석집의 머리말(1권 213쪽)에서 자르카쉬(Zarkashī)는 말했습니다. "대부분의 학자들은 첫 번째 견해를 가지고 있으며, 무함마드가 가브리엘 천사 앞에서 꾸란을 마지막으로 다시 읽었다고 여기며, 다른 학자들은 나머지 6가지 방식을 제외하려는 목적이라고 여깁니다."

역시 여기에서 파생되었습니다. 낭송한다는 뜻의 동사적 명사 (동명사도 포함)이며, 전문 용어로는 꾸란에서 발성 낭송과 그 발성 낭송에 조화하는 구두(句讀)점을 기술합니다. 아래의 예를 들어 보겠습니다.

마우두디(Mawdūdī)[52]는 읽기에서 인정되는 차이를 올바르게 이해시키기 위해 매우 설득력 있는 설명을 제시했습니다. 그는 꾸란 1장 *Sūrah al-Fatihāh* 3절에서 다음과 같이 썼습니다.

말리키(*Malikī*) 마알리키(*Māliki*)	두 가지 모두 하나님의 덕성 중 하나를 설명하며, 심판의 날의 '주권자'와 '주님' 사이에는 모순이 전혀 없지만, 이 두 가지 방식의 낭송은 구절의 의미를 더욱 분명하게 해 줍니다.

마찬가지로 5장 *Sūrah al-Maidah* 8절에서 아르줄라쿰(*Arjula-kum*)[53]과 아르줄리쿰(*Arjulikum*)[54]은 두 가지 의미를 지닙니다.

씻다(wash) 문지르다(wipe)	그대의 발을

---

52) *Introduction to the Study of the Qur'ān*, 델리, 1971, p.21.

53) 나피(Nāfiʿ), 하프스(Hafs), 안-아씸(an ʿĀsim), 키사이(Kisāʾī)의 낭송 방식.

54) 이븐 카시르(Ibn Kathīr), 아부 아므르(Abū ʿAmr), 아부 바크르(Abū Bakr), 안-아씸(an ʿĀsim), 함자(Ḥamza)의 낭송 방식.

양쪽 다 일반적 상황에서 '발을 씻는다'는 점에서는 똑같겠지만 예컨대 여행자 같은 사람이라면 발을 문지를 수도 있습니다. 여기서 꾸란 본문은 두 가지 의미를 동시에 담고 있는데, 이는 참으로 하나님 계시가 가진 독특한 특징입니다.

사하바 중 낭송가들

꾸란을 읽고 낭송하는 일은 계시가 시작된 이래 계속 이어졌으며, 처음 낭송한 사람은 선지자입니다. 이에 대해서는 앞서 '본문의 전달' 편에서 논한 바 있습니다. 선지자가 세상을 떠난 후, 선지자의 교우들이 낭송을 이었습니다. 그들 중 많은 승계자들에게 낭송을 가르쳤던 유명한 낭송가들로 우바이 빈 카아브, 알리, 자이드 빈 싸비트, 이븐 마스우드, 아부 무사 알-아슈아리 등 여럿이 있습니다.

후대의 발전

시간이 흘러, 무슬림들이 세계 여러 지역에 정착함에 따라 꾸란은 다양한 방법으로 낭송되었습니다. 그중 일부는 받아들여진 본문과 선지자 및 교우들이 전한 낭송 방식과 일치하지 않는 경우도 생겼습니다. 따라서 사히(Ṣaḥīḥ, 신뢰할 만한 전승)와 샤드(Shādh, 예외적인 전승)를 철저히 구분하고 검토할 필요성이 대두되었습니다.

일곱 가지 낭송

'일곱 가지 낭송'은 히즈라 2세기(서기 8세기)에 표준화되었습니다. 9세기경의 무슬림 학자 이븐 무자히드(Ibn Mujāhid)는 가장 잘 전달되고 가장 신뢰할 수 있는 일곱 가지 낭송 방식을 선택해 ≪일곱 가지 낭송(*The Seven Readings*)≫이라는 책을 썼습니다. 후에 다른 사람들이 이를 냉정하게 비평하거나 심지어 반대하기도 했는데 그중에 이븐 마스우드와 우바이 이븐 카아브의 낭송법도 있었습니다. 그러나 이 일곱 가지 낭송 중 하나를 선택해야 하거나 모든 낭송으로 스스로를 제한해야 한다는 의미는 아닙니다. 아래는 일곱 가지 낭송법 발생지와 낭송자[55], 그리고 이를 전달한 사람들(Rāwis, 라위스)의 목록입니다.

순서	장소	낭송자	전달자
1	마디나	나피이(Nāfiʾ, 히즈라 169년/서기 785년)	와르슈(Warsh, 히즈라 197년/서기 812년)
2	마카	이븐 카씨르(Ibn Kathīr, 히즈라 120년/서기 737년)	
3	다마스쿠스	이븐 아미르(Ibn ʿĀmir, 히즈라 118년/서기 736년)	
4	바스라	아부 아므르(Abū ʿAmr, 히즈라 148년/서기 770년)	

---

55) 그들의 간략한 전기는 *Fihrist*, 1권, 63쪽 이하를 참조하십시오.

순서	장소	낭송자	전달자
5	쿠파	아심('Āsim, 히즈라 127년/서기 744년)	하프스(Ḥafṣ, 히즈라 180년/서기 796년)
6	쿠파	함자(Hamzah, 히즈라 156년/서기 772년)	
7	쿠파	알-키사이(al-Kisā'ī, 히즈라 189년/서기 804년)	두리(Dūrī, 히즈라 246년/서기 860년)

1번과 5번 낭송법이 특히 중요한데, 와르슈가 전하는 낭송법은 이집트를 제외한 아프리카 전역에 널리 퍼졌으며, 이집트에서는 그 밖의 현재 무슬림 세계 대부분 지역에서처럼 하프스가 전한 낭송법이 관찰됩니다.

다른 견해들

나중에는 다른 견해들이 등장하며 10~14개의 널리 알려진 방식이 형성되었습니다. 앞서 언급한 일곱 가지에 더해 늘어난 방식들은 다음과 같습니다.

순서	장소	낭송자	전달자
8	마디나	아부 자파르(Abu Ja'far, 히즈라 130년/서력 747년)	
9	바스라	아꾸브(Ya'qub, 히즈라 205년/서력 820년)	

순서	장소	낭송자	전달자
10	쿠파	칼라프(Khalaf, 히즈라 229년/서력 843년)	
11	바스라	하산 알-바스리(Hasan al-Basri, 히즈라 110년/서력 728년)	
12	마카	이븐 무하이신(Ibn Muhaisin, 히즈라 123년/서력 740년)	
13	바스라	야흐야 알-야지디(Yahya al-Yazidi, 히즈라 202년/서력 817년)	
14	쿠파	알-아아마슈(al-A'mash, 히즈라 148년/서력 765년)	

낭송 방식은 또 다음처럼 구분됩니다.[56]

❖ 무타와티르(*Mutawātir*): 여러 사람들이 전송했으며 잘 알려진 7가지 낭송법을 포함합니다.

❖ 아하드(*Āhād*): 단 한 사람에 의해 전송되었으며, 사하바까지 거슬러 올라가는 세 가지 낭송 방식. 앞서 나열한 일곱 가지 낭송 방식과 함께 열 가지 낭송 방식을 구성합니다.

❖ 샤드(*Shādh*): 예외적 낭송 방식으로 이는 오직 타비운까지만 거슬러 올라갑니다.

무슬림 학자들은 끼라아(*Qirā'a*)를 인정하는 세 가지 기준을

---

56) Suyūṭī, Itqān, 1권, p.77.

세워 다른 것보다 선호하는 방식을 제시했습니다. 물론 최상의 기준은 무티와티르(*Mutawātir*)입니다. 다른 낭송 방식을 수락하기 위한 세 가지 기준은 다음과 같습니다.

- ❖ 아랍어 문법에 따른 정확성
- ❖ 우스만 본문에 동의 여부
- ❖ 선지자까지 연결 여부

선호도에 대한 세 가지 기준은 다음과 같습니다.

- ❖ 아랍어 문법에 따른 정확성
- ❖ 우스만 본문에 대한 동의 여부
- ❖ 많은 사람들이 보고하거나 선호함(주류성)

요약

이 주제에 대한 가장 어울리는 요약이라면 아마 무슬림 학자 아불카이르 빈 알–자자리(Abu'l Khair bin al-Jazarī, 히즈라 833년/서기 1429년 사망)의 말에 담겨 있을 것입니다.

"모든 낭송은 아랍어 문법을 따라야 하며, 비록 제한된 방식이라 해도 우스만의 무샤흐프 중 하나에 부합하며, 전승의 연결고리가 올바르다면 그것은 거부되어서는 안 되는 사히(*Ṣaḥīḥ*, 신뢰할 만한 전승) 방식으로 간주되어야 하는데, 이는 꾸란 계시의 일곱 가지 방식(아흐루프, *Aḥruf*)에 속합니다. 사람들은 그것이 일곱 명의 이맘 중 한 명에게 전해졌건, 열 명 중 한 명의 이맘에게 전해졌건, 혹은 또 다른 인정받는 이맘에게서 전해졌든 간에 상관없이 받아들여야 할 의무가 있습니다. 그러나 이 세 가지 조건 중 한 가지라도 충족시키지 못하면, 비록 일곱 명 중 한 명에게서 전해졌건 그보다 더 오랜 전승자로부터 비롯되었건 상관없이 취약하거나(*Da'if*) 예외적(*Shāhid*)이거나 쓸모없는 것(*Bāṭil*)으로 여겨 거부해야 합니다."[57]

57) Suyūṭī, *Itqān*, 1권, p.75.

제6장

본문 해석

타프시르, 그 종류와 원리

타프시르(*Tafsīr*, 꾸란 해석)는 무슬림들에게 가장 중요한 학문입니다. 이슬람의 바른 적용은 하나님의 인도에 대한 올바른 이해에 기초하므로 어떤 의미에서는 이슬람 삶의 방식에 관한 모든 문제들은 이와 연결되어 있습니다. 타프시르가 없었다면 꾸란 구절을 올바르게 이해할 수 없을 것입니다.

타프시르와 타아윌

타프시르(*Tafsīr*)는 '설명하다', '해석하다'라는 뜻을 가진 팟싸라(*Fassara*)라는 어근에서 파생된 단어로 '설명' 또는 '해석'을 의미합니다. 전문 용어로 타프시르는 꾸란에 대한 설명, 해석 및 주석에 사용되며, 지식 추구의 모든 방법을 포함함으로써 꾸란에 대한 올바른 이해에 기여하고, 그 의미를 설명하며 법 적용을 명확하게 합니다.[1] 무팟씨르(*Mufassir*, 복수형 *Mufassirūn*)라는 용어는 타프시르를 하는 사람, 즉 '해석자' 또는 '주석자' 등으로 통용됩니다. 또한 이와 관련해 통용되는 타아윌(*Taʾwīl*)이라는 용어가 있습니다. 타아윌은 아우왈라(*Awwala*)라는 어근에서 파생되었는데, 이 역시 '설명', '해석'을 의미합니다. 전문적으로는 타프시르와 마찬가지로 꾸란에 대한 설명과 해석을 가리킵니다.

학술적 언어로서 타프시르는 설명과 해명을 뜻하는데, 이는 하나님의 책에 대한 지식을 습득하고 이해함으로써 그 의미를 설명하고, 법적 판결을 추출하며, 잠재적 동기를 파악하는 데 목적이 있습니다. 타프시르는 꾸란의 '외적 의미(*Zāhir*)'를 설명합니다. 타아윌이 지식을 풍부하게 갖춘 사람이 꾸란에 감추어진 내적 의미를 설명할 수 있다고 여기는 데 반해, 어떤 이들은 타프시르와 타아윌 사이에는 별 차이가 없다고 생각합니다.

왜 중요한가?

타프시르가 중요한 이유에는 여러가지가 있겠지만, 기본적으로는 다음과 같습니다. 하나님께서 인류를 위한 삶의 지침으로 꾸란을 보내 주셨습니다. 인류에게 삶의 목적은 하나님을 섬기는 일, 즉 인간으로 하여금 받아들이도록 권하신 삶의 방식을 영위함으로써 하나님의 기쁨을 구하는 일입니다. 인간은 하나님께서 계시하신 지침의 틀 안에서 이를 실천할 수 있지만, 그 의

---

1) Zarkashī, 앞의 책, 1권, 13쪽을 참조하십시오.

미와 함축을 올바로 이해할 때만 가능한 일입니다.

주의점

몇몇 무슬림 학자들이 타프시르에 대해 주의를 환기시켰습니다. 예컨대 아흐마드 이븐 한발(Aḥmad b Ḥanbal)은 말했습니다.

> 타프시르, 말라힘(*Malāhim*, 종말론적 성격의 내용), 마가지(*Maghāzī*, 전투에 관한 내용) 등 세 가지 문제에는 기준(basis)이 없다.[2]

이 말은 이 분야에 과장되고 신뢰할 수 없는 내용이 꽤 많다는 것을 의미하지만, 그렇다고 이들 중 어느 것도 고려 대상이 안 된다는 의미는 아닙니다. 이는 같은 평결을 다룬 다른 버전(의 문서)에서 이스나드(*Isnād*, 전승의 연결고리)를 '기준(basis)'으로 적용한 데서 분명히 알 수 있습니다.

기본 조건

무슬림 학자들은 건전한 타프시르를 위한 몇 가지 기본 조건을 제시했습니다. 이 원칙을 무시하는 꾸란 해석 모두를 거부하지는 않더라도 매우 조심스럽게 살펴야만 합니다. 그중에서도 가장 중요한 조건이라면 다음과 같습니다. 무팟시르(*Mufassir*, 꾸란 해석가)라면 반드시 갖추어야만 합니다.

❖ 신뢰할 만한 신앙 지식('*Aqīdah*)을 견지할 것

---

2) Ibn Taimīya, *Muqaddima fi Usūl al-Tafsīr*, 쿠웨이트, 1971, p.59.

- 아랍어와 언어 문법의 규칙에 대한 지식을 탄탄히 갖출 것
- 꾸란 연구와 관련된 다른 기초 과학에 탄탄한 기반을 갖출 것[예, 일름 알-리와이야('Ilm al-Riwāyah, 문서 낭독 전달 지식)]
- 정확한 이해 능력을 갖출 것
- 쓸모없는 견해를 자제할 것
- 꾸란의 타프시르를 꾸란으로 할 것
- 선지자의 말씀과 설명에서 안내를 구할 것
- 사하바(선지자의 교우들)의 보고를 참조할 것
- 타비운(승계자들)의 보고를 검토할 것
- 다른 저명한 학자들의 의견을 참고할 것

출처의 등급[3]

가장 훌륭한 타프시르는 꾸란에 의한 꾸란 설명입니다. 그 다음으로는 선지자 무함마드가 꾸란을 설명한 내용으로, 선지자는 샤피가 설명했듯 꾸란에서 이해한 대로 행동했습니다. 꾸란이나 선지자 언행록(Sunnah)에서 다루지 않은 내용들은 사하바(선지자 교우들)의 보고로 눈을 돌립니다.[4] 꾸란과 선지자 언행록, 사하바의 보고에서 다루지 않은 내용은 따비운(승계자)의 보고를 참조합니다.[5] 하지만 그 어떤 시도도 꾸란을 해석하는 꾸란과 선지자의 꾸란 설명에 필적하지는 못합니다.

---

3) Ibn Taimīya, 앞의 책, p.93.

4) 앞의 책, p.95.

5) 앞의 책, p.102.

타프시르의 종류

타프시르는 세 가지 기본 그룹으로 나눌 수 있습니다.[6]

* 타프씨르 빌-마아수르(*Tafsīr bi-l-Ma'thur*)라고도 알려진, 전승(*bi-l-Riwāya*)에 의한 타프시르 빌-리와야(*Tafsīr bi-l-Riwāyah*)
* 타프시르 빌-디라야(*Tafsīr bi-l-Dirāyah*)로도 알려진, 빌-라아이(*bi'l-Ra'y*, 올바른 견해) 또는 빌-디라야(*bi-l-Dirāyah*, 지식)에 따른 타프시르 빌-라아이(*Tafsīr bi'l-Ra'y*)
* 표시나 부호에 의한 타프시르 빌-이샤라(*Tafsīr bi-l-Ishārah*)

전승에 의한 해석, 타프시르 빌-리와야

이것은 신뢰할 수 있는 출처로 연결되는 전승의 사슬을 통해 꾸란의 모든 해석을 추적할 수 있다는 것을 의미합니다. 즉,

* 꾸란 그 자체
* 선지자의 설명
* 선지자 교우들의 설명(일부 확장됨)

당연히, 꾸란 해석에서 꾸란과 선지자에 의한 설명이 가장 상위의 원천이며 다른 어떤 출처와도 비교할 수 없고 대체될 수도 없습니다. 다음 순위로서는 사하바(선지자의 교우들)의 설명이 있

---

6) 이 분류는 사부니(Ṣābūnī)의 『티비얀(*Tibyān*)』 63쪽에서 빌려왔습니다. Qaṭṭān, 앞의 책, 섹션 25를 참조하십시오.

습니다. 사하바는 계시의 증인이었고, 선지자가 직접 교육과 훈련을 시켰으며, 첫 무슬림 공동체의 시기에 가장 가까이했기 때문입니다. 물론 선지자의 설명이나 교우들의 설명에 따른 모든 보고는 울룸 알–하디스('Ulūm al-Hadīth, 하디스학)에서와 같이 리와야(Riwāyah)의 과학에 따라 건전해야 합니다.

꾸란이 해석하는 꾸란. 꾸란을 꾸란으로 해석하는 일은 타프시르의 최상의 원천입니다. 꾸란의 특정 구절에서 제기될 수 있는 여러 질문들이 바로 그 책의 다른 부분에서 설명되어 있으며, 종종 그 자체로 타프시르를 포함하는 하나님의 말씀이므로 그 외의 다른 출처에 의존할 필요가 없습니다. 꾸란 구절 해석에서 또 다른 구절을 참조하여 설명하려는 노력은 무파시르의 첫 번째이자 가장 중요한 의무입니다. 이것으로 충분하지 않을 때에만 다른 타프시르를 참조할 것입니다.[7] 대표적 사례가 꾸란 5장 *Sūrah al-Maidah* 2절에 대한 4절의 상세 설명으로, 허용되거나 금지되는 육류에 관한 내용입니다. 또 다른 사례로 44장 *Sūrah ad-Dukhan* 3절에서 제기될 수 있는 질문에 관한 내용이 97장 *Sūrah al-Qadr* 1절에 설명되어 있습니다.

축복의 밤에 내려보냈도다.(44장 *Sūrah ad-Dukhan* 3절)

은총의 밤(*Lailat al-Qadr*)에 계시했으니, 뉘라서 이 은총의 밤을 알려 주리요?(97장 *Sūrah al-Qadr* 1-2절)

---

7) *Itqān*, 2권, pp.181-2.

세 번째 보기는 꾸란 2장 *Sūrah al-Baqarah* 37절에 대한 7장 *Sūrah al-Araf* 23절의 설명입니다.

> 주님으로부터 말씀을 받은 아담이 영감을 배움에, 하나님께서 뉘우침을 받아들이시니 한없이 용서하시는 자애로우신 분임이라.(2장 *Sūrah al-Baqarah* 37절)

여기에서 '영감의 말씀'이라는 뜻을 꾸란의 다른 구절이 설명합니다.

> 주님이시어, 저의 영혼이 죄지었으니 용서와 자비를 베푸시지 않는다면 멸망할 것입니다.(7장 *Sūrah al-Araf* 23절)

선지자가 설명하는 꾸란. 명확하지 않은 문제에 대한 설명을 선지자 자신이 천사 가브리엘에게 요청했거나 교우들의 꾸란에 대한 질문에 선지자가 설명한 사례는 수없이 많습니다. 수유티는 꾸란의 각 장에 대한 선지자의 설명을 긴 목록으로 만들었지만,[8] 다음의 사례 하나면 아마도 충분하리라 생각됩니다.

> 새벽의 흰 실이 검은 실과 구별되어 보일 때까지 먹고 마시도록….(2장 *Sūrah al-Baqarah* 187절)

아디 이븐 하팀(Adi b. Hātim)이 전했다. 내가 선지자께 여쭈길, "선지자시여, 하얀 실과 검은 실을 구별한다는 게 무슨 뜻인지요? 여기 두 가지

---

8) *Itqān*, 2권, pp.191-205.

실을 말하는지요? 선지자께서 말씀하시길, "두 가지 실을 말한다면 현명하지 못한 생각이니, 밤의 어둠과 낮의 환함을 뜻한다오".[9]

사하바가 설명하는 꾸란.[10] 꾸란 해석에 대한 꾸란과 선지자의 설명 다음으로는 사하바(선지자의 교우들)의 설명이 순위에 들어갑니다. 타프시르 분야에서 지식과 기여도로 가장 잘 알려진 사하바들은 아부 바크르, 우마르, 우스만, 알리(이들로부터는 많이 보고되지는 않았음). 이븐 마스우드, 압바스, 우바이 이븐 카아브, 자이드 이븐 사비트, 아부 무사 알-아슈아리, 압둘라 이븐 주바이르 등이 있습니다.

▶ **이븐 압바스**. 압둘라 이븐 압바스(Abdullah b. ʿAbbās, 히즈라 68년/서기 687년 사망)는 교우들 중에서 타프시르에 있어 가장 박식한 사람으로 여겨집니다.[11] 타르주만 알-꾸란('*Tarjumān al-Qurʾān*, 꾸란 해석가)이라 불렸습니다. 선지자와 친척 관계로 그의 사촌이었으며, 외숙모 마이무나(Maimūnah)는 선지자 아내 중 한 명이었기에 선지자 무함마드와 매우 가까웠으며 계시에 대해 많은 내용을 배울 수 있었습니다. 그는 천사 가브

---

9) *Itqān*, 2권, pp.191-205.

10) 초기 해석의 요약본은 아흐마드(Ahmad, K.)와 안사리(Ansari, Z. I.)의 『이슬람의 시각(*Islamic Perspectives*)』(레스터, 1979)에 포함된 알-사우와프(al-Ṣawwāf)의 '초기 타프시르'(135-145쪽)를 참조하십시오.

11) *Tanwīr al-Miqbās min Tafsīr Ibn ʿAbbās*(베이루트, 연대 미상)라는 제목의 책은 꾸란 전체의 해설집으로 모든 설명은 이븐 압바스로 연결됩니다. 진위 여부에 대하여는 다음을 참조하십시오. al-Ṣawwāf, 앞의 책, p.140.

리엘을 두 번 보았다고 전해집니다. 모든 타프시르와 관련한 그의 해박한 지식 외에도 오늘날까지 중요하게 남아 있는 일름 알-타프시르(*'Ilm al-Tafsīr*, 꾸란 해석 지식)의 기본 원칙 중 하나인 단어의 의미, 특히 꾸란에 있는 특이 단어의 의미는 이슬람 이전 시대에 시(詩)로 사용된 언어까지 거슬러 올라가야 한다는 점을 강조한 공로로 인정받았습니다. 이 설명에 대하여는 수유티가 인용한 긴 목록이 있습니다.[12] 다음은 이븐 압바스라는 이름의 사하바가 해석한 꾸란 구절의 사례로, 우마르에 의해 확인된 내용입니다.

"하나님의 영광을 찬양하고 용서를 구할 것이니. 그분께서는 참회를 받아들이시며 용서하시는 분이다."(110장 *Sūrah an-Nasr* 3절)

이븐 압바스가 전하길, 우마르는 나를 바드르 전투에 참여했던 원로들과 함께 앉도록 했는데. 이에 불쾌한 몇몇 어르신이 우마르에게 따져 물었다. "어째서 이 아이를 우리들과 함께 앉히는 거요? 우리에게는 이런 자식들이 있지 않습니까?" 우마르가 답했다. "어르신들께서 잘 아시듯 이 아이의 지위(즉, 교리 지식)이지요". 어느 날 우마르가 그 어르신들이 있는 자리에 나를 불러 앉혔는데, 아마도 나의 교리 지식을 어르신들에게 보여 주려는 목적이 아닐까 하는 생각이 들었는데, 이윽고 우마르가 내 앞에서 원로들에게 물었다. "다음의 하나님 말씀을 어떻게 해석하시겠습니까?"

---

12) *Itqān*, 1권, pp.120-33.

"하나님의 도움이 임하고 (마카가) 열릴 때…(110장 *Sūrah an-Nasr* 1절)."

몇 분은 "하나님의 도움과 (마카의)정복이 우리에게 왔을 때, 우리는 하나님께 찬미드리고 용서를 구하라는 명령을 받았다는 뜻이요"라고 말했는데 다른 분들은 아무 말없이 잠자코 있었다. 그러자 우마르가 내게 물었다. "이븐 압바스야, 너도 같은 생각이니?" 아니라고 답하는 나에게 해석을 요청하기에, "이는 하나님 말씀처럼 하나님께서 알려 주시는 선지자의 죽음에 대한 징조이지요." "(무함마드여)하나님의 도움이 임하고 (마카가) 열릴 때… 하나님의 영광을 찬양하고 용서를 구할 것이니, 그분께서는 참회를 받아들이시며 용서하시는 분이다(110장 *Sūrah an-Nasr* 1-3절)."라고 답했다. 이에 우마르가 말했다. "네가 말하기 전까지 나는 모르고 있던 내용이었구나".[13]

또 다른 짤막한 예가 있습니다.

아타아가 전하길, 이븐 압바스가 "하나님의 은총을 불신으로 바꾼 자들을 보지 못했는가?(꾸란 14장 *Sūrah Ibrahim* 28절)" 하는 말을 들었을 때 "그들은 마카의 이교도 불신자들이었습니다"라고 말했다.[14]

타비운들이 설명한 꾸란. 선지자와 교우들을 계승하는 타비운(후세대 승계자)들 중에는 타프시르에 몰두하는 것으로 알려진 사람들이 꽤 많은데, 이는 더 많은 사람들이 이슬람을 받아들

---

13) Bukhārī, 6권, No. 494.

14) Bukhārī, 6권, No. 222.

였고, 꾸란에 대한 지식의 필요성이 여러모로 늘었기 때문입니다. 또한 선지자나 그의 여러 교우들이 더 이상 존재하지 않았기에 지침을 베풀 수 없어 하나님의 책을 제대로 이해하기 위한 더 큰 노력을 기울여야 충만시킬 수 있었습니다. 타비운 중에서 무팟시룬(꾸란 해석가)들은 그들의 기원, 영역, 활동에 따라 세 개의 그룹으로 구별합니다.

- 마카에서 온 사람들
- 마디나에서 온 사람들
- 이라크에서 온 사람들

마카 그룹. 여러 학자들에 따르면 모든 타비운들 중에서도 마카의 무팟시룬들이 가장 해박했는데, 이는 그들이 압둘라 이븐 압바스로부터 배웠기 때문이라고 합니다. 그들 숫자는 꽤 여럿이지만 그중 가장 널리 알려진 승계자로는 무자히드(Mujāhid, 히즈라 104년/서기 722년 사망), 아타아(Atā, 히즈라 114년/서기 732년 사망) 및 이크리마(Ikrimah, 히즈라 107년/서기 725년 사망) 등이 있습니다. 그들 중 특히 저명했던 무자히드는 이븐 압바스와 함께 꾸란을 세 번 검토했으며, 각 구절의 계시가 '언제', '어떻게' 진행되었는지에 대해 이븐 압바스에게 물었다고 전해집니다.[15] 무자히드의 타프시르는 전집으로 출판되었는데, 히즈라 6세기의 필사

---

15) Taimīya, p.102.

본을 바탕으로 수르티가 편집했습니다.[16] 다음의 예를 보겠습니다.

> 후마이드 이븐 카이스 마키(Humaid b. Qais Makki)가 전하길, 나와 무자히드가 함께 카아바를 돌고 있었는데, 한 남자가 와서 맹세를 어긴 대가로 단식을 연속적으로 하는지 아니면 여러 번으로 나눌 수 있는 건지 물었다. 후마이드는 만약에 그가 원한다면 여러 번으로 나눌 수 있다고 대답했다. 이때 무자히드가 말하길, "나누면 안 됩니다. 우바이 이븐 카아브의 낭독에서는 '쌀라시 아이야민 무따따비아뜨(*Thalāthi Ayyāmin Mutatabi'āt*)', 즉 3일 연속으로 단식하라는 의미입니다".[17]

마디나 그룹. 마디나 출신 타비운(승계자)들은 여러 무팟시룬들을 자신의 스승으로 삼았는데, 그중 가장 잘 알려진 인물로는 우바이 이븐 카아브가 있습니다. 다음은 그중 잘 알려진 무팟시룬들 중 일부입니다. 무함마드 이븐 카아브 알-카르지(Muhammad b. Ka'b al-Qarzī, 히즈라 117년/서기 735년 사망), 아불 알리야 알-리야히(Abū-l 'Allīya al-Riyaḥī, 히즈라 90년/서기 708년 사망), 자이드 이븐 아슬람(Zaid b. Aslam, 히즈라 130년/서기 747년 사망).

이라크 그룹. 이라크 출신 승계자들 가운데서도 여러 무팟시룬들이 있었습니다. 그들의 주요 교사는 이븐 마스우드였으며, 주요 활동 중심지는 바스라와 쿠파였습니다. 가장 잘 알려진 사

---

16) Surtī, A., *Tafsīr Mujāhid*, 전2권, 베이루트, 연대 미상.

17) *Muwatta' Malik*, No. 617.

람은 알-하산 알-바스리(Al-Ḥasan al-Baṣri, 히즈라 121년/서기 738년 사망), 마스루끄 이븐 알-아즈다아(Masrūq b. al-'Ajda', 히즈라 63년/서기 682년 사망) 및 이브라힘 알-나카아이(Ibrāhīm al-Nakhaʿī, 히즈라 95년/서기 713년 사망)입니다.

요약

꾸란 이상으로 꾸란을 잘 해석할 수 있는 건 없습니다. 그 다음을 선지자의 계시 설명에 대한 신뢰할 수 있는 전승이 이어집니다. 사하바(선지자의 교우들)와 타비운(후세대 계승자)들에 의한 꾸란 설명에서 신뢰할 수 있고 진정한 것이 거부되어서는 안 되지만, 다음 원칙은 지켜져야만 합니다.

❖ 신뢰할 수 있는 전승과 신뢰할 수 없는 전승은 확실히 구별되어야 합니다. 왜냐하면 많은 견해들이 마치 사하바와 타비운들(특히 그들 중 가장 유명한 이븐 압바스와 무자히드)의 전승인 양 거짓으로 귀속되었기 때문입니다. 이러한 보고는 당연히 거부되어야 합니다.

❖ 아흘-알-키타브(*Ahl-al-Kitāb*, 경전의 백성)의 자료들, 특히 이스라일리야트(*Isrāʾīliyāt*, 유대 전통들)[18]는 분류되고 평가되어야 합니다.

❖ 신학적, 철학적, 정치적, 그 밖의 다른 고려사항들로 슬그머니 끼어든 자료들은 분류되고 평가되어야 합니다(예컨대 시

18) 더 자세한 내용은 이 책의 이스라일리야트(Isrāʾiliyāt) 부분의 설명을 참조하십시오.

아가 '알리'에게 귀속시킨 것이나 압바스 왕조가 이븐 압바스에게
귀속시킨 것 등).

❖ 이슬람에 적대하기 위하여 의도적으로 도입한 신뢰할 수
없는 자료는 신뢰할 수 있는 자료와 구별되어야 합니다.

타프씨르 빌-라아이

꾸란의 모든 해석이 그 내용을 전승하는 원천까지의 연결이
모두 바르다는 의미의 타프씨르 빌-리와야(*Tafsīr bi-l-Riwāyah*)에
이어 두 번째 타프시르로 타프씨르 빌-라아이(*Tafsīr bi-l-Ra'y*)가
있습니다. 이는 선대들에 의한 지식의 전승에 직접 기반하지 않
고 이성과 이즈띠하드(*Ijtihād*, 추론)의 활용에 기반합니다.

타프씨르 빌-라아이는 '단순한 의견에 의한 해석'을 의미하
는 것이 아니라 신뢰할 수 있는 원천을 바탕으로 이즈띠하드
를 통해 의견을 도출하는 것을 의미합니다. 전자는 이미 하디스
를 통해 비난받았지만, 후자의 경우는 적절한 곳에서 신뢰할 만
한 이즈띠하드로 활용될 때 권장되며, 예컨대 선지자가 무아드
빈 자발(Mu'adh bin Jabal)을 예멘으로 보냈을 때 허락한 바 있습니
다.[19] 한편, 다음 하디스를 근거로 타프씨르 빌-라아이가 금지
조항으로 선언되었습니다.

이븐 압바스가 선지자의 말을 전했다. "누구라도 지식 없이 꾸란에 대

---

19) *Mishkāt al-Masābīh*, 앞의 책, 2권, p.794, (Arabic), Vol. 2, No. 3737.

해 말한다면 불지옥에 앉게 될 겁니다."[20]

이 하디스는 두 가지 방법으로 설명되었습니다.

❖ 누구라도 사하바나 타비운에서 비롯되지 않은 것으로 꾸란
  에 대해 말해서는 안 된다.
❖ 누구라도 꾸란에 대해 자신이 알고 있는 이외의 것을 말해
  서는 안 된다.[21]

하디스의 의미는 명백합니다. 적절한 지식 없이 꾸란에 대해
어떤 것도 말하지 말아야 한다는 것입니다. 그 지식의 원천은 이
미 설명한 바 있습니다.[22]

두 종류의 타프씨르 빌-라아이. 이 같은 관점에서, 타프씨르
빌-라아이가 전체적으로 완전히 거부되어서는 안 되지만, 신뢰
할 만한 이지띠하드(추론)에 근거한다면 받아들일 수 있음이 분
명합니다.[23] 학자들은 타프씨르 빌-라아이를 두 종류로 분류했

---

20) Ibn Taimīya, p.105, 티르미디에서 인용, 그는 이를 하산 사히(*Ḥasan Ṣaḥīḥ*)라고 말합니다.

21) Ṣābūnī, *Tibyān*, p.174.

22) 꾸란은 꾸란으로 해석되며 선지자, 동료들, 승계자들, 그리고 타당한 이즈티하드 (*Ijtihād*, 독립적 판단)에 의해 해석됩니다.

23) 타프시르 빌-라이(*Tafsīr bi'l-Ra'y*)로 꾸란 해석을 유추하고자 하는 사람은 반드시 다음 조건에 상응하는 지식을 갖추어야만 합니다. 복음서 지식(*'Ilm al-Balāghah*), 법학 지식(*'Ilm Uṣūl al-Fiqh*), 계시 배경(*Ma'rifat Asbab al-Nuzūl*), 무효화와 무효(*Ma'rifat al-Nāsikh wa-l-Mansūkh*), 낭독 지식(*'Ilm al-Qirā'a*)과 더불어 기술로 습득되는 것이 아닌 하나님의 선물인 신앙심이 강해야만 합니다.

습니다.

- ❖ 타프시르 마흐무드(*Tafsīr Mahmūd*, 칭찬받을 만한 해석): 타프시르의 출처, 샤리아(*Sharī'ah*, 이슬람법)와 아랍어의 규칙에 일치하는 해석
- ❖ 타프시르 마드뭄(*Tafsīr Madhmūm*, 비난받을 만한 해석), 타프시르의 출처, 샤리아와 아랍어에 관한 올바른 지식없이 수행된 해석. 이것은 쓸데없는 의견에 근거한 해석이므로 거부되어야 한다.

사바하와 타비운들은 쓸데없는 의견을 피함. 비록 신뢰할 만한 출처에 기반한 타프씨르 빌-라아이를, 받아들인 반면, 초기부터 사바하들은 이런 확실하지 않은 단순 의견을 근거로 해석하는 일을 피했다고 전해집니다.

어떤 사람이 이븐 압바스에게 꾸란에서 말하는 50년을 측정하는 날짜에 대해 물었습니다. 이븐 압바스는 "하나님께서 당신의 책에 언급하신 기간은 이틀이지만, 이에 대하여는 오직 하나님께서만 가장 잘 알고 계신다"고 답하며, 하나님의 책에 관해 자신이 알지 못하는 부분을 언급하길 거부했다고 전해집니다.[24]

이 같은 모습은 승계자들 사이에서도 발견됩니다.

사이드 이븐 알-무사이이브(Sa'id b. al-Musayyib)는 가장 유식한 분이었

---

24) 타바리(Tabarī)에 근거한 Ibn Taimīya 110쪽.

기에 우리는 늘 허용과 금기에 대해 묻고는 하였는데, 우리가 꾸란 구절의 해석을 바랄 때는 마치 듣지 못한 것처럼 침묵을 지켰다.[25]

요약

몇몇 학자들은 타프시르 빌-라아이가 선지자나 그의 교우들에게 직접 거슬러 연결될 수 없기 때문에 허용할 수 없다고 말합니다. 그렇지만 다수의 학자들은 타프시르 빌-라아이가 앞서 간략하게 설명한 조건에 따라 허용된다고 주장합니다. 이는 신뢰할 만한 출처에 기반한 이즈띠하드(추론)가 이루어지며, 지식을 습득하는 방법으로 허용되기 때문입니다.

타프시르 빌-이샤라

꾸란의 외적 의미를 넘어서는 해석을 뜻하는 타프시르 빌-이샤라(*Tafsīr bi-l-Ishāra*)는 이를 실천하는 사람들은 오직 하나님께서 마음을 열어 주신 사람 외에는 어느 누구에게도 보이지 않는 꾸란 구절에 담겨 있는 의미에 몰두합니다. 이런 종류의 타프시르는 종종 신비주의적 성향의 작가들에게서 발견되곤 합니다. 하나님께서 바라시는 사람이 꾸란을 이해할 수 있도록 안내하신다는 사실을 부인할 수는 없지만, 타프시르 빌-이샤라는 꾸란학이나 꾸란 해석의 다른 분파처럼 과학적 원칙과 지식을 습득하여 활용할 수 있는 학문의 영역이 아니라는 점을 지적해야 합

---

25) 타바리(Tabarī)에 근거한 Ibn Taimīya 112쪽.

니다. 따라서 학자들 사이에서는 이의 일반적 수용성의 관점에서 이를 거부하며 쓸데없는 단순 의견에 근거한다고 말한 것입니다.[26] 그러나 이븐 알–까이임(Ibn al-Qayyim)[27]은 타프시르 빌–이샤라에 의해 도출된 결과는 다음 네 가지 원칙이 함께 적용될 때 허용될 수 있으며 좋은 결론을 구성한다고 합니다.

- ❖ 구절의 명백한 의미에 모순되지 않을 것
- ❖ 그 자체로 의미를 신뢰할 수 있을 것
- ❖ 구절의 표현 속에 그 결과를 표현하는 암시가 있을 것
- ❖ 그 결과와 구절의 명백한 의미 간에 밀접한 연관이 있을 것

타프시르의 차이점

어떤 경우, 무팟시룬(꾸란 해석가)들은 특정 구절에 대한 해석에 동의하지 않는 여러 이유가 있는데, 그중 가장 중요한 점은 다음과 같습니다.

▶ **외적 문제**
- ❖ 이스나드(*Isnād*, 전승의 연결고리)에 대한 무시[28]
- ❖ 이스라일리야트(*Isrā'īliyāt*)와 같은 신뢰할 수 없는 근거의 사용
- ❖ 선입견이나 다른 숨겨진 동기에 의한 악의적 왜곡

---

26) *Itqān*, 2권, p.174.

27) Qaṭṭān, 앞의 책, pp.309-310.

28) 다음을 참조하십시오.

▶ **내적 문제**

❖ 이해 부족에 의한 실수

❖ 무의식적 선입견을 바탕으로 한 해석

❖ 하나님의 계시에 존재하는 의미의 다양성

이븐 타이미야(Ibn Taimīyah)의 견해로 볼 때, 주된 원인은 사람들이 거짓 혁신(Bid'ah)을 도입함으로써 실제 "하나님의 말씀을 왜곡하고, 하나님과 선지자들의 말씀을 그 의미하는 바와 달리 해석하고, 설명되어야 할 것을 다르게 설명했다"는 것입니다.[29]

이스라일리야트[30]

'유대의 근원'이라는 뜻의 이스라일리야트(Isrā'īliyāt)라는 말은 비이슬람 출처, 특히 유대인 전통에서 나온 설명을 의미하지만 일반적으로는 다른 성서들 '아흘 알-키타브(Ahl al-Kitāb)'도 포함합니다. 이러한 자료들은 사하바들에 의해서는 거의 활용되지 않았지만, 타비운에 의해 사용되었는데 후대에 들어 훨씬 더 많이 사용되었습니다. 꾸란에는 꾸란과 다른 전통 사이에 어떤 공통점이 있을 때 출처를 참조하여 설명할 수 있는 여러 측면이 존재합니다. 그렇지만 그러한 출처에서 가져온 정보들은 매우 신중하게 사용되어야 하며, 선지자와 교우들에게 거슬러 연결되지 않는 한 '하디스 지식(Ilm al-Hadīth)'의 기준에 따라 신뢰할

---

29) Ibn Taimīya, 앞의 책, p.91.

30) Ibn Taimīya, 앞의 책, pp.56-58.

만하다고 볼 수 없습니다. 선지자는 이미 이 같은 지식의 근원에 대해 무슬림들에게 경고했습니다.

> 아부 후라이라(Abū Hurairah)가 전하길, 경전의 사람들(유대인)은 히브리어로 토라를 낭송하며 무슬림에게 아랍어로 설명하고는 했습니다. 이에 선지자가 말했습니다. "경전의 사람들을 신뢰하고 믿을 것이 아니라 이렇게 말하십시오. '우리는 하나님과 우리에게 계시된 것을 믿노라.'"(2장 *Sūrah al-Baqarah* 136절)

마찬가지로 잘 알려진 교우 이븐 마스우드는 다음의 말을 전합니다.

> 꾸란 해석에 관해 경전의 사람들에게 묻지 말아야 할 것이니, 그들은 인도할 수 없을 뿐 아니라 그들 스스로도 오류에 빠져 있기 때문이다…[31]

따라서 이른바 이스라일리야트는 세 종류에서 구분됩니다.

- ❖ 선지자 무함마드에게 계시된 내용으로 확인되어 진실로 밝혀진 내용
- ❖ 선지자 무함마드에게 계시된 내용으로 부정되어 거짓으로 밝혀진 내용
- ❖ 진실 또는 거짓으로 알려져 있지 않은 내용. 우리는 이것들의 진위 여부에 대해서는 말하지 않습니다.

---

31) Ibn Taimīya, 앞의 책, p.57.

요약

타프시르라는 넓은 분야에 대한 간결하면서도 유용한 요약이라면 이븐 압바스가 전한 다음 말에서 찾을 수 있습니다.[32]

타프시르에는 다음 네 가지 측면이 있는데,
1. 아랍어이기에 아랍인들이 이해하는 측면[33]
2. 그 누구도 용서할 수 없을 만큼 무지한 타프시르[34]
3. 학자들이 아는 타프시르
4. 하나님 이외에는 누구도 알지 못하는 타프시르

타프시르 문헌

타프시르의 몇 가지 중요한 책들

무슬림 학자들은 타프시르를 주제로 많은 책들을 썼습니다.[35] 현존하는 가장 오래된 문헌은 이븐 압바스(히즈라 68년/서기 687년 사망)의 것으로 간주되지만, 그 신빙성을 의심하는 사람들도 있습니다. 아직까지 우리가 접할 수 있는 고전 중에는 자이드 빈 알리(Zaid bin 'Alī, 히즈라 122년/서기 740년 사망)와 유명한 승

---

32) 타바리(Tabarī)에 근거한 Ibn Taimīya 115쪽.

33) 즉, 언어적 문제.

34) 즉, 하람과 할랄 관련성.

35) 고전적 꾸란 해설집의 영어 번역 발췌본은 다음을 참고하십시오. Gatje, H., *The Qur'ān and its Exegesis*, 런던, 1976.

계자 중 한 사람인 무자히드(Mujāhid, 히즈라 104년/서기 722년 사망)의 저서가 있습니다.[36]

그러나 우리에게 전해진 타프시르의 초기 책들 중 일반적으로 가장 대작으로 인정되는 문헌은 알–타바리(al-Ṭabarī)의 타프시르입니다.

타프시르 알–타바리(al-Ṭabarī). 이 책은 이븐 자리르 알–타바리(Ibn Jarir al-Ṭabarī, 히즈라310년/서기 922년 사망)가 ≪자미이 알–바얀 피 타프시르 알–꾸란(*Jāmi' al-Bayān fī Tafsīr al Qur'ān*)≫이라는 제목으로 썼습니다. 아마도 꾸란 해석집 중 이 주제에 대한 가장 저명하고도 방대한 작품에 속할 것입니다. 이는 또 선지자와 사하바, 타비운들의 보고를 바탕으로 전승의 연결고리를 제공하여 평가함으로써 타프씨르 빌–리와야(전승에 의한 해석)에 속하지만, 소위 이스라일리야트를 포함하여 출처를 명확하게 밝히지 않고 신뢰할 수 없는 보고서도 포함되어 있습니다. 타바리는 또한 어떤 것들에 대해 알 수 없으며, 그것들에 대해 알지 못해도 해가 되지 않는다고 몇몇 부분에서 밝히고 있습니다. 그럼에도 이 책은 이후 대부분의 학자들이 참고하는 타프시르의 가장 중요한 역작 중 하나입니다. 이 책은 이집트에서 1903년과 1911년에 30권으로 두 번 출판되었으며, 1954년에 시작된 제3판은 15권까지 출판되었습니다.

---

36) See Ṣawwāf, 앞의 책, pp.135-145.

그 밖의 저명한 꾸란 해석집

❖ **타프시르 알-사마르칸디(*Tafsīr al-Samarqandī*)**: 아부 알-라이스 알-사마르칸디(Abu al-Laith al-Samarqandī, 히즈라 373년/서기 983년 사망)에 의해 ≪바흐르 알-울룸(*Bahr al-'Ulūm*)≫이라는 제목으로 출판된 타프시르. 많은 사하바와 타비운의 전승이 담겨 있지만, 사나드(*Sanad*, 전승의 연결고리)는 포함되어 있지 않습니다.

❖ **타프시르 알-사알라비(*Tafsīr al-Tha'labī*)**: 아흐마드 빈 이브라힘 알-사알라비 알-니사부리(Ahmad bin Ibrāhīm al-Tha'labī al-Nīsābūrī, 히즈라 383년/서기 993년 사망)에 의해 ≪알-카슈프 와알-바얀 안-타프시르 알-꾸란(*al-Kashf wal-Bayān 'an Tafsīr al-Qur'ān*)≫이라는 제목으로 출판된 타프시르. 일부 사나드와 일부 불확실한 내용과 이야기가 포함되어 있습니다.

❖ **타프시르 알-바가위(*Tafsīr al-Baghawī*)**: 하산 빈 마스우드 알-바가위(Ḥasan bin Mas'ūd al-Baghawī, 히즈라 510년/서기 1116년 사망)에 의해 출판된 ≪마알림 알-탄질(*Ma'ālim al-Tanzīl*)≫은 사알라비(Tha'labī)의 약점을 요약한 것으로서 하디스의 신뢰성에 더 중점을 두었습니다.

❖ **타프시르 이븐 카시르(*Tafsīr Ibn Kathīr*)**: 이스마일 빈 아므르 빈 카시르 알-디마슈키(Ismā'īl bin 'Amr bin Kathīr al-Dimashqī, 히즈라 774년/서기 1372년 사망)에 의해 ≪타프시르 알-꾸란 알-아짐(*Tafsīr al-Qur'ān al-Aẓīm*)≫이라는 제목으로 출판했는데, 이는 타프시르에 관한 잘 알려진 책 중의 하나로, 아마

도 알-타바리(al-Ṭabarī)에 이어 두 번째 권위 있는 책일 것이며, 보고의 신뢰성에 더 중점을 두었으며, 특히 이스라일리야트와 같은 외국의 모든 영향을 거부하고, 종종 다양한 보고서의 연결고리를 자세히 논의하였습니다. 따라서 이 책은 타프시르의 가장 가치 있는 책 중의 하나입니다. 꾸란에 의한 타프시르를 많이 시도했으며, 논의되는 주제에 관련되는 다른 구절을 참조시켰습니다. 8권짜리 이 책은 사부니(Sabuni)에 의하여 요약본, 무크따사르(Mukhtaṣar)로 편집되었습니다. 영문 번역으로도 출판된 이 책은 무슬림들에게 매우 중요한 책인데도 오리엔탈리스트들에 의해 철저히 무시되어 왔습니다.[37]

❖ **타프시르 알-수유티(*Tafsīr al-Suyūtī*)**: 잘랄 알-딘 알-수유티(Jalāl al-Dīn al-Suyūtī, 히즈라911년/서기 1505년 사망)에 의해 ≪알-두르르 알-만수르 피일-타프시르 비일-마아수르(*al-Durr al-Manthūr fi-l-Tafsīr bi-l-Ma'thūr*)≫라는 제목으로 출판된 타프시르입니다.

타프씨르 빌-라아이(*Tafsīr bi-l-Ra'y*) 계통에서 중요한 해설집은 다음과 같습니다

❖ **알-캇샤프(*al-Kashshāf*)**: 아불-카심 마흐무드 이븐 우마르

---

[37] 예컨대 갓제(Gatje)의 앞의 책을 참조하십시오. 그는 이븐 카시르의 이름조차 언급하지 않았습니다. 또한 골드치허(Goldziher, I)의 『이슬람의 꾸란 해석 방향(*Die Richtungen der Islamischen Koranslegung*)』(라이덴, 1970) 역시 그에 대해 언급하지 않았습니다.

알–자마크샤리(Abu'l-Qāsim Mahmūd Ibn ʿUmar al-Zamakhsharī,
히즈라 539년/서기 1144년 사망)의 타프시르. 무으타질라
(*Muʾtazilah*) 접근법 기반으로 잘 알려진 타프시르 중 하나로
무으타질라 타프시르의 표준 작품으로 간주되며, 연결고리
에 대한 관심이 적은 해석 방법으로서 아랍어 문법과 어휘
기록을 훨씬 더 강조했습니다.

❖ **마파티 알–가이브(*Mafātiḥ al-Ghaib*)**: 무함마드 빈 아므르
알–후사인 알–라지(Muhammad bin ʿAmr al-Husain al-Rāzī, 히즈
라 606년/서기 1209년 사망)의 타프시르. ≪타프시르 알–카비
르(*Tafsīr al-Kabīr*)≫라고도 알려진 이 책은 실제 해석의 영역
을 넘어서는 여러 분야를 다루고 있습니다. 타프시르 빌–라
아이(*Tafsīr bi-l-Ra'y*)의 가장 포괄적 작품으로 간주됩니다.

❖ **안와르 알–탄질(*Anwār al-Tanzil*)**: 압둘라 빈 우마르 알–바
이다위(ʿAbd Allāh bin ʿUmar al-Baiḍāwi, 히즈라 685년/서기 1286
년 사망)의 타프시르. 자마크샤리(Zamakhsharī)의 저작을 요
약하면서 알–카샤프(*al-Kashshāf*)의 무으타질라(*Muʾtazilah*)적
입장을 상쇄하기 위한 추가 자료를 포함하였습니다.

❖ **루흐 알–마아니(*Ruh al-Maʿānī*)**: 시하브 알–딘 무함마드
알–알루시 알–바그다디(Shihāb al-Dīn Muhammad al-Ālusī al-
Baghdādi, 히즈라 1270년/서기 1854년 사망)의 타프시르. 신뢰할
수 없는 전승들을 비판하며 타프시르 빌–라아이(*Tafsīr bi-l-
Ra'y*)의 최고봉으로 간주됩니다.

❖ **타프시르 알–잘랄라인(*Tafsīr al-Jalālain*)**: 잘랄 알–딘 알–마

할리(Jalāl al-Dīn al-Mahallī, 히즈라 864년/서기 I459년 사망)와 잘랄 알-딘 알-수유티(Jalāl al Dīn al-Suyūtī, 히즈라 911년/서기 I505년 사망)의 타프시르. 꾸란의 여러 구절에 대한 간략한 주석만을 담고 있는 간편한 타프시르 저작입니다.

이 중요한 책들 중에는 어느 것 하나 유럽어로 번역된 적이 없습니다.[38] 결론적으로 타프시르 알-잘랄라인(Tafsīr al-Jalālain)에 관한 예가 다음에 있습니다.[39]

위선자들에 대하여,

7. 하나님께서 그들 마음과 귀를 막으시고 눈을 가리시니 크나큰 형벌이로다

8. 사람들 중에 하나님과 마지막 (심판의)날을 믿는다 말하지만 진정으로 믿지 않으니

9. 하나님과 믿는 이들을 속이려 하지만 스스로 속고 있음을 알지 못함이며

10. 그들 마음은 병들어 하나님께서 그 병을 깊게 하시니 그들 거짓에 엄벌이 따르리라

---

38) 독자들이 아이디어를 구하는 데 도움을 줄 만한 이 중요한 학습 분야의 영문 요약판은 몇 가지가 있습니다. Gaetje의 앞의 책을 참조하십시오.

39) 레인(Lane, Edward William)의 『꾸란 선별집과 상호 조화 주석(Selection from the Kuran... with an interwoven commentary)』(런던, 매든, 1843)은 매우 흥미롭지만 드문 책입니다. 거의 대부분 세일(Sale)에게서 채택한 긴 머리말(96페이지)은 차치하더라도 영문 번역 꾸란 선별집과 알-잘랄라인 해설집(Tafsīr al-Jalālain)에서 채택한 주석을 담았습니다. 따라서 이 해설서가 어떤 성격인지 어느 정도 알 수 있습니다. 이런 선별집은 하나님과 그분의 작품, 정명, 천사와 진, 여러 선지자들과 성서들, 구세주, 무함마드, 꾸란, 신자와 불신자, 천국과 지옥 등 꾸란의 메시지보다는 번역자의 문화나 역사 배경을 반영합니다.

11. 땅 위에 죄악을 퍼뜨리지 말라 하면 더 낫게 고치고자 한다 말하니

12. 그들이야말로 죄인임에도 스스로가 알지 못함이로다

13. 예전 사람들과 마찬가지로 너희도 믿으라고 하면 바보들이나 믿는 것이라고 말하니, 그들 자신이 어리석음을 스스로 깨닫지 못함이니라

14. 믿는 이들을 만날 때에는 우리도 믿는다고 하면서 악한 무리와 어울려서는 단지 조롱일 뿐 너희와 함께한다고 하니

15. 하나님께서 그들을 조롱하시어 눈멀어 방황 속에 더 헤매게 하심이라. (2장 *Sūrah al-Baqarah* 7-15절)

사람들 중에 말하기를, 스스로 하나님과 마지막 날(부활의 날을 의미한다. 왜냐하면 그것은 마지막 날들이기 때문이다)을 믿는다고 하지만, 그러나 그들은 믿는 이들이 아닙니다. 그들은 속에 감추고 있는 불신의 반대를 과시함으로써 하나님과 믿는 이들을 속이려고 애쓰지만, 그들 자신 외에는 아무도 속일 수가 없으니 그들 속임수에 대한 형벌이 임할 것이며, 그들이 감추는 것을 하나님께서 선지자에게 알려 주시니 그들은 이 세상에서 수치를 당할 것이고, 내세에서 형벌을 받을 것이기 때문이다. 그들 마음은 병들어 자기 스스로를 속이고 있다는 것을 알지 못합니다. 의심과 위선이 그 과정이고, 하나님께서 꾸란 계시로서 병을 깊어지게 하시니, 그들이 믿지 않았기 때문입니다. 땅 위에 부패함을 퍼뜨리지 말라고 하면, 타인들의 신앙을 부정으로써 막으며 자신들은 오직 개선자라고 답하니, 하나님의 선지자를 기만한 죄로 고통스러운 형벌이 주어졌습니다. 정녕코 그자들은 타락함에도 스스로 깨닫지를 못하니, 선지자와 교우들처럼 믿으라고 권할 때, '바보천치들이나 믿는 걸 따르라고?' 말함에, 어리석은 자들은 바로 본인이건만 느끼지 못할 따름입니

다. 그들이 믿는 이들을 만날 때에는 저희도 믿는다고 주장하지만, 자신의 동료들(지도자)에게 돌아가면 믿음을 보여 줌으로써 조롱했을 뿐이니, 여러분과 함께한다고 함에 하나님께서 저들을 조롱하시며, 그들 조롱을 응징하시고, 사악함을 더욱 깊어지게 하시며, 당혹감 속에 계속 방황하도록 하십니다. 저들은 바른 안내를 팔아 빛나가는 길을 사들였으니 저들 거래는 아무 이득이 없이 손해만 있을 것이며, 자신들의 행위로 길을 잃고 불지옥에 영원히 머물 것입니다.[40]

현대의 타프시르 문학[41]

20세기 들어 기록된 많은 타프시르에 관한 책들 중에서 전 세계 무슬림의 사상에 큰 영향을 미친 세 권이 두드러지는데, 여기에 간략히 소개합니다.

❖ 타프시르 알–마나르(*Tafsīr al-Manār*)
❖ 피 질랄 알–꾸란(*Fi Ẓilāl al-Qur'ān*)
❖ 타프힘 알–꾸란(*Tafhīm al-Qur'ān*)

타프시르 알–마나르. 이 책의 실제 제목은 ≪타프시르 알–꾸란 알–하킴(*Tafsīr al-Qur'ān al-Hakīm*)≫으로 무함마드 압두(Muhammad ʿAbduh, 히즈라 1323년/서기 1905년 사망)의 저명한 제자

---

40) Lane, pp.285-287.

41) 오리엔탈리스트들이 인식하는 현대 해석 문학을 조사하기 위해서는 다음을 참조하십시오. Baljon, J. M. S., Modern Muslim Koran Interpretation, 레이든, 1968. Jansen, J. J. G., *The Inerpretation of the Qur'ān in Modern Egypt*, 레이든, 1974.

무하마드 라시드 리다(Muhammad Rashīd Rīdā, 히즈라 1354년/서기 1935년 사망)에 의해 편찬되어 이집트에서 출판되었습니다. 타프시르 알-마나르(*Tafsīr al-Manār*)라고 불리는 이유는, 그 일부분이 정기 간행물 ≪알-마나르(*al-Manār*)≫에 연재되었기 때문입니다. 이 타프시르는 꾸란의 처음 12주즈를 다룹니다. 세기가 바뀌면서 '마나르 학교'가 전 세계 무슬림들에게 미친 영향은 엄청났지만, 수십 년이 지난 오늘날, 현대 과학과 사회 발전상을 꾸란의 가르침과 조화시키려는 시도 중 일부 내용은 다소 적절치 않아 보입니다. 예를 들어, 꾸란 2장(*Sūrah al-Baqarah*) 276절에 대한 주석에서는 '진(Jinn)'이 병을 일으키는 미생물로 설명되는가 하면, 꾸란 4장(*Sūrah an-Nisa*) 3절에서는 타프시르 알-마나르에 따라 일부다처제가 '금지'되는데, 이는 두 명 이상의 아내 사이에서는 공정함이 이루어질 수 없기 때문이라는 것입니다. '마나르 사상'의 기본 개념은 이슬람을 모든 서구 철학관과 다른 것으로 보아야 하며 원래의 위치를 되찾아야 한다는 것이었습니다. 타프시르 알-마나르의 근간을 이루는 이 견해는 후대의 많은 무슬림 학자들과 지도자들에 의해 계속해서 나타납니다.[42]

피 질랄 알-꾸란. ≪꾸란의 그늘막(*In the shade of the Qur'ān*)≫이라는 제목으로 꾸란 본문 전체를 4권으로 묶은 이 책은 수많은 무슬림들, 특히 아랍 지역의 젊은 세대들에게 크나 큰 영향을

---

42) 마지막 30번째 주즈(*Juz' 'Amma*)와 꾸란 4장 3절의 짧은 선별집도 출판되었습니다. Gaetje의 앞의 책 248-261쪽을 참조하십시오.

미쳤습니다. 이 책은 유명한 작가 사이드 쿠트브(Sayyid Quṭb, 히즈라 1386년/서기 1966년 사망)가 투옥 중(1954~1964년)에 주로 썼으며, 이크완 알-무슬리문(Ikhwān al-Muslimūn)과 연관되었다는 죄로 이집트 정부에 의해 처형되기 직전에 완성되었습니다. 쿠트브의 노력은 이 타프시르를 통해 무슬림들에게 이슬람의 진정한 본질을 설명하고, 개인과 사회적으로 이슬람 재건을 위한 노력에 동참하도록 초대하기 위한 것이었습니다. 특히 이슬람과 비이슬람 체제 사이에 존재하는 차이점과 무슬림들이 이슬람 운동의 수립을 위해 노력해야 할 필요성을 강조했습니다.[43]

타프힘 알-꾸란.[44] ≪꾸란의 이해≫라는 제목의 이 타프시르는 파키스탄 자마아트 이슬라미(Jama'at-i-Islami)의 저명한 창시자인 아불 아알라 마우두디(Abul A'lā Mawdūdī, 히즈라 1400년/서기 1979년 사망)가 썼습니다. 우르두어로 썼으며, 1943년부터 저널 ≪타르주만 알-꾸란(Tarjumān al-Qur'ān)≫에 기사 형태로 처음 출판된 이후 1973년에 완성되었습니다. 이 타프시르는 현대 무슬림 사상, 특히 인도 아대륙(파키스탄, 인도, 방글라데시, 실론)에서 중요하지만, 번역을 통해 훨씬 더 많은 청중에게 다가갔습니다.[45] 주로 아랍어를 사용하지 않는 청중을 대상으로 하는 이 타

---

43) 현재는 전체 영문판이 존재합니다. Qutb, Sayyid, *In the Shade of the Qur'ān*, Islamic Foundation Publishers, 런던. 1979.

44) 다음을 참조하십시오. Ahmad, Khurshid, 'Some thoughts on a new Urdu Tafsīr', *Actes du XXIXe Congres International des Orientalistes*, 1권, 파리, 1975, pp. 1-7.

45) 영어 번역본으로, 현재 『꾸란의 의미(*The Meaning of the Qur'ān*)』라는 제목으로 이슬람

프시르는 유일신 일라(Ilāh), 주님 랍(Rabb), 경배 이바다('Ibāda), 종교 딘(Dīn)과 같은 기본적 꾸란 개념에 대한 자세한 설명과 더불어 이슬람 재건 운동 및 이슬람 생활 방식에 대한 안내를 담은 '지침서'로서의 꾸란에 중점을 두고 있습니다. 많은 주석들이 꾸란을 이해하는 데 유용한 자료로서의 가치를 더해 줍니다. 아랍어 원본에 직접 접근할 수 없는 젊은 엘리트 무슬림에게 특히 적합합니다.

요약

이 세 권의 현대의 책에는 공통 요소가 있습니다. 현대사에서 타프시르 알-마나르는 처음으로 꾸란 메시지를 현대 무슬림 공동체의 실제 상황과 어느 정도 연관을 시도했으며, 여기에서 수 세기 만에 처음으로 타프시르가 더 이상 순수 학문 활동과 지적 자극에 국한되지 않고 사회 · 정치적 의미를 되찾습니다. 이러한 경향은 다른 두 권의 책에서 유지되고 더 자세히 설명됩니다.

이 세 가지 핵심적인 서적 외에도, 꾸란 타프시르를 현대에 맞게 해석하려는 수많은 시도들이 있었습니다. 그러나 타프시르의 모든 노력은 유용성과 신뢰성의 정도가 다양하다는 점을 제외하고는 시대의 필요와 요구에 따라 꾸란의 메시지를 제시하려는 인간의 노력일 뿐이며, 따라서 최종적으로 볼 때 인간의 불완전하고 제한된 타당성의 불충분한 노력에 대한 하나님의 말

출판사(Islamic Publications Ltd., 라호르)에서 1967-1979년에 출간되었습니다. [2024년 현재 런던 이슬람재단에서 전체 영문 번역이 완료되었습니다].

씀이 오직 희미하게만 꾸란에 반영될 수 있습니다. 모든 해석가들이 출발점으로 삼고 있는 이 기본 원칙은 타프시르를 읽는 독자들도 잘 기억해야 하며, 모든 해석과 설명의 기초가 되는 하나님의 책인 꾸란을 계속 염두에 두어야만 합니다.

꾸란 번역

꾸란 번역이란 꾸란 언어가 아닌 다른 언어로 그 본문의 의미를 표현하는 것이며, 이는 꾸란에 익숙하지 않은 사람들이 내용을 알고 하나님의 인도하심과 뜻을 이해할 수 있도록 하기 위함입니다. 무슬림 학자들은 꾸란 원문을 단어 하나하나 동일하게 다른 언어로 옮기는 것은 불가능하다는 데 의견 일치를 보이는데, 이는 다음과 같은 몇 가지 이유 때문입니다.

- ❖ 다른 언어의 단어가 특정 개념을 표현할 수는 있겠지만 해당 단어의 모든 의미의 음영까지 담아내지는 못합니다.
- ❖ 꾸란 의미를 외국어의 특정 개념으로 좁히는 것은 다른 중요한 차원을 놓치게 된다는 것을 의미합니다.
- ❖ 그러므로 꾸란을 다른 언어로 제시하는 것은 혼란과 오도를 초래하게 됩니다.

그러나 꾸란 의미에 대한 번역은 선지자 무함마드 시기에 이미 꾸란 언어를 이해하지 못하는 사람들을 위한 해결책으로 만들어졌다는 사실은 의심의 여지가 없습니다.

비잔틴 제국의 황제 헤라클리우스가 무함마드가 보낸 전령과 메시지를 받았을 때, 그 메시지에 포함된 꾸란의 구절들과 함께 전달된 내용의 번역이 필요했습니다. 이와 관련된 아부 수피얀(Abū Sufyān)의 보고서[46]에는 황제와 아부 수피얀 사이의 대화를 위해 번역자들이 호출되었으며, 선지자의 메시지에는 꾸란의 한 구절, 즉 꾸란 3장 *Sūrah al-Imran* 64절이 포함되어 있었다고 명시되어 있습니다.

마찬가지로, 아비시니아의 네구스(Negus of Abyssinia, 지금의 에티오피아)[47] 왕 앞에서 무슬림들이 낭송했던 마리얌(*Sūrah Maryam*, 꾸란 19장) 구절의 번역이 필요했을 것입니다. 무슬림들은 네구스 왕이 질문할 때를 대비하여 꾸란에서 발췌한 내용을 간직하고 있었음을 시사할 수도 있습니다. 네구스가 "그대는 하나님께서 보내신 것을 가지고 있는가?"라고 묻기 전에 그들 중 한 명이 꾸란을 낭송했을 가능성이 있습니다.[48]

또한 페르시아어에 대한 언급도 있습니다.

예멘 출신인지, 바레인 출신인지, 오만 출신인지는 확실하지 않지만 일부 이란인들이 이슬람을 받아들였는데, 임시적으로 모국어로 예배 드릴 수 있도록 허가를 신청하였으므로 이에 페르시아인 살만 알-파리

---

46) Bukhārī, 6권, No. 75.

47) Ibn Hishām, 152쪽을 참조하십시오.

48) *Hal ma'aka mimā ja'a bihi 'an allāhi min shai'*, Ibn Hishām. Arabic 1권, 224쪽을 참조하십시오.

시(Salmān al-Farisī)는 꾸란 첫 번째 장 *Sūrah al-Fatihāh*를 번역하여 그들 중 한 사람에게 보냈다.[49]

의미의 번역

꾸란을 한 단어씩 다른 언어로 번역하는 방법은 바람직하지 않을 것입니다. 따라서 훌륭한 번역자들은 늘 어떤 문장의 의미를 먼저 파악한 다음 그것을 다른 언어로 번역하려고 노력해 왔습니다. 꾸란의 번역은 실제로 꾸란의 의미를 다른 언어로 표현하는 작업입니다. 유명한 꾸란 영어 번역자인 마르마두케 픽탈(M. Pickthall)은 그의 책 서문을 다음과 같은 문장으로 시작했습니다.

> 이 책의 목적은 전 세계 무슬림들이 꾸란 말씀의 의미와 본질이라고 생각하는 내용을 영문 독자들에게 제시하는 것이다…. 꾸란이 번역될 수 없다는 것은 고전 셰이크들의 믿음이자 현재 필자의 견해이다. 이 책은 거의 문자 그대로 번역되었으며, 적절한 언어 선택을 위해 모든 노력을 기울였다. 그러나 그 결과는 영광스러운 꾸란, 즉 사람들을 눈물과 황홀경으로 이끄는 바로 그 소리의 비길 데 없는 교향곡이 아니다. 그것은 단지 꾸란의 의미를 영어로 표현하고 어쩌면 그 매력을 표출하려는 시도일 뿐이다.[50]

---

49) Hamidullah, Munabbih, p.19. 또한 *Le Saint Coran*, xxxvi쪽과 Tibawi, A. L., ʿIs the Qurʾān translatable? Early Muslim Opinionʾ, *Arabic and Islamic Themes*, 루자크, 런던, 1974, pp.72-85과 73쪽을 참조하십시오.

50) Pickthall, M. M, *The Meaning of the Glorious Koran*, 뉴욕, 1963.

번역의 한계

꾸란은 하나님의 말씀입니다. 학자들은 꾸란이 아랍어로 계시되었으므로 번역의 경우는 하나님 말씀이 아니라고 말합니다. 더욱이, 꾸란의 독창성과 모방 불가능성에 대한 개념(꾸란의 기적, I'jāz al-Qur'ān)은 이 학자들의 마음속에 아랍어의 표현과 밀접하게 연결되어 있습니다. 어쩌면 번역에서 중요하지 않게 될지도 모르지만, 마지막으로 언어마다 단어가 전달하는 의미가 다르기에 번역은 꾸란 원문이 전달하는 모든 의미를 적절하게 표현할 수 없습니다.

번역의 중요성과 이점

꾸란 의미를 번역하는 일은 다음 두 가지 이유로 매우 중요합니다.

❖ 사람들에게 이슬람 메시지를 전하고 꾸란에 대해 숙고할 수 있도록 초대함
❖ 무슬림들에게 그들이 지켜야 할 하나님의 계시와 의지를 지적하기 위함

꾸란 번역이 없었더라면, 오늘날 꾸란 언어에 익숙한 사람들이 소수이고, 꾸란을 모국어로 번역하지 않는 한 대다수 사람들에게 꾸란 의미를 알릴 기회가 없기에 일반인들에게나 무슬림 자신들에게나 효과적으로 선교할 수 있는 방법이 없습니다. 따라서 꾸란 의미를 번역하는 일은 허용될 뿐 아니라 무슬림에 대

한 의무이자 소명이며,[51] 이슬람 메시지를 전 세계의 다른 민족들에게 전파하기 위한 실제적인 기반입니다.

예배에서의 번역 낭송[52]

번역된 꾸란 구절이 예배 중에 낭송될 수 있는지에 대하여는 의견 차이가 있습니다. 일부 학자들[특히 일부 하나피(Hanafites) 학교]은 꾸란 언어에 익숙하지 않은 사람은 꾸란 언어로 짧은 구절을 배울 때까지 모국어로 암송할 수 있다고 말합니다.[53] 하지만 대다수 무슬림 학자들은 그렇게 할 때 예배는 무효화되며, 오로지 계시된 형태의 꾸란 낭송만 허용된다고 말합니다.

어떤 번역들이 있는가?

아랍어에서 라틴어로 기록된 꾸란의 첫 번째 번역은 유럽에서 1143년 클뤼니 수도원장이던 피터의 지시로 이루어졌습니다. 이는 십자군 전쟁의 여명기에 무슬림에게 그리스도교를 선교하고 이슬람을 반박하기 위해 '재정복자들'을 준비시키려는 시도였으며, 그 이후로도 여러 번역들이 뒤따랐습니다. 그러나 여기에서는 영어 번역에 대해서만 다루겠습니다. 타프시르 분야에서 차용한 개념을 적용하면(번역이란 그 의미를 다른 언어로 표현하는 것이므로 일종의 타프시르라고 할 수 있습니다) 그에 따라 충

---

51) Ṣābūnī, *Tibyān*, p.232.

52) Qaṭṭān의 앞의 책 272-276쪽을 참조하십시오.

53) GdQ, 3권, p.106을 참조하십시오.

족되어야 할 조건은 다음과 같습니다.

❖ 번역은 올바른 믿음을 가진 사람, 즉 무슬림이 진행해야 합니다.

❖ 번역은 꾸란 언어와 번역 언어에 대한 지식을 가진 사람이 진행해야 합니다.

❖ 번역은 하디스 해석 등 관련 학문을 잘 아는 사람이 진행해야 합니다.

위의 원칙들로 볼 때, 그리스도교 선교사들과 그들의 조력자들인 오리엔탈리스트들(비록 그들이 영어 관용구에 관해 탁월할지라도)[54]이 수행한 모든 번역은 거부되어야 함이 분명합니다. 이 조건은 모든 비무슬림 번역자들과 꾸란과 순나를 바탕으로 한 것 이외의 신앙을 가진 사람들에게도 마찬가지입니다. 이슬람에 기반하더라도 합의에 부합하지 않는 설명을 제안하는 저자는 주의해 읽어야 합니다. 두 언어에 대한 지식이 부족하거나 교육 배경이 부족하거나 관련 과학에 대한 지식이 부족한 사람의 번역은 거의 쓸모없으며 꾸란 의미를 잘못 전달하지 않는다 하더라도 혼동하게 만들 수 있습니다.

추천할 만한 영어 번역이 몇 가지 있는데, 그중 다음 두 가지가 유용해 보입니다.

❖ **압둘라 유수프 알리**(*Abdullah Yusuf Ali*). 이 책은 여러 곳에서

---

54) 예컨대 Arberry, A. J., *The Koran Interpreted*(런던, 1964).

번역이 본문과 약간 거리가 있어 가치가 혼재되어 있는 책입니다. 여러 각주는 유용한 설명과 배경 정보를 제공하지만 그중 일부는 용납할 수 없는 정도까지는 아니더라도 이상해 보입니다.

❖ **마르마두케 픽탈**(*Marmaduke Pickthall*). 이 책은 설명과 각주가 없는 단순한 번역이므로 초보자에게는 더 어려울 수 있습니다. 저자는 가능한 한 직역하기 위해 세심한 주의를 기울였습니다.

제7장

몇 가지 관련 사안

기적으로서의 꾸란

이자즈 알-꾸란

꾸란을 왜 기적이라고 부르는가? 꾸란은 독특하면서 모방할 수 없는 특성을 지니고 있습니다. 이렇게 모방할 수 없는 비유사성을 이자즈 알-꾸란(*I'jāz al-Qur'ān*), 즉 꾸란의 '기적적 본질'이라고 부릅니다.

이자즈(*I'jāz*)라는 단어는 '무능력하다, 무기력하다, 무력하게 하다'에서부터 '불가능하다, 모방할 수 없다'에 이르기까지 다양한 의미의 어근 '아자자(*Ajazah*)'에서 파생되었습니다.

전문 용어로는 모방할 수 없는 꾸란의 독특한 특성을 의미하며, 계시에 도전하는 자들을 무력하게 하거나 그 도전에 시도할 수 없게 만듭니다. 꾸란은 또한 '무으지자(*Mu'jizah*)' 즉, '무함마드의 기적'이라고도 합니다.

아부 후라이라가 선지자가 말을 전했다. "모든 선지자들은 기적을 받았기에 그로 인해 사람들이 믿을 수 있었지만, 내가 받은 것은 하나님께서 계시하신 신성한 영감이니, 부활의 날 나의 교우들이 다른 선지자들의 동료들보다 더 많게 되기를 바랍니다."[1]

무엇이 기적인가?[2]

무슬림 학자들에 따르면, 어떤 사건이 하나님의 기적으로 받아들여지기 위해서는 다음 다섯 조건이 충족되어야 합니다.

- 세상의 주님이신 하나님 외에는 누구도 그것을 할 수 없다.
- 일반적 규범을 깨뜨리며 자연의 법칙(하나님의 법칙이 아닌 자연의 일반적 작용 방식)과 다르다.
- 메신저의 주장과 진실성에 대한 증거로 작용한다.
- 메신저의 주장을 따라 발생한다.
- 다른 사람이 아닌 메신저를 통해서만 그 현상이 발생한다.

따핫디

무함마드는 문맹인(Ummī)이였지만 구술된 메시지를 선포했습니다. 다른 사람들에게 꾸란 구절을 비슷하게나마 만들어 보라는 도전인 따핫디(Tahaddī)는 계시 자체에 의해 다양한 경우에 다양한 방식으로 제기되었습니다.

---

1) Bukhārī, 6권. No. 504.

2) Ṣābūnī, Tibyān, p.99.

(그들에게) 말하라. "하나님의 책보다 더 나은 지침을 가져와 보라. 너희 가 진실되다면 나도 따르리라."(28장 *Sūrah al-Qasas* 49절)

그렇지만 꾸란은 인간과 진이 힘을 합쳐 아무리 노력해도 그 러한 책을 만들 수 없다고 선언합니다(17장 *Sūrah al-Isra* 90절).

이 도전은 선지자의 적들에게 자신들의 불신이 정당하다면 열 개의 장을 제시하거나(11장 *Sūrah Hud* 16절) 그도 못 하겠다면 다만 한 개의 장이라도 제시하라(10장 *Sūrah Yunus* 39절)며 여러 번 반복됩니다.

너희가 선지자에게 보낸 계시를 의심한다면, 그와 비슷한 구절을 만들 어 보고, 이에 확신한다면 하나님 외의 증인을 불러 보라. 그렇지 못하 거나 포기한다면, 지옥을 두려워할지니. 그 불은 사람과 돌을 연료로 불신자들을 기다리는도다.(2장 *Sūrah al-Baqarah* 23-24절)

꾸란이 제시한 이 도전은 꾸란 자체가 언급한 이유, 즉 그것이 불가능하기 때문에 한 번도 충족된 적이 없었습니다. 선지자 무 함마드의 생애 동안이건 다른 때이건, 어느 시점에서건 누군가 가 이 도전에 맞섰다면 이슬람을 적대시하는 자들은 분명 그것 을 최대한 활용했을 테지만, 이슬람에 대항하여 시작되어 왔고 지금까지도 계속되는 다양한 공격 중 어느 것 하나 이 특정한 도 전과 관련된 것은 없습니다. 충족되지 않았으며, 꾸란이 말하듯 충족될 수 없는 도전인 따핫디는 이자즈(기적)라고 불리는 독특 하고도 모방 불가능한 꾸란 본질의 주요 측면 중 하나입니다.

이자즈의 여러 측면

무슬림 학자 알-쿠르투비(al-Qurṭubī, 히즈라 656년/서기 1258년 사망)는 자신의 꾸란 주석에서 이자즈 알-꾸란(꾸란의 기적)의 10가지 모습을 그려 냈습니다.

- ❖ 꾸란의 언어는 모든 아랍어보다 뛰어나다.
- ❖ 꾸란의 스타일은 모든 아랍어 스타일을 능가한다.
- ❖ 꾸란의 포괄성은 상대할 수 없다.
- ❖ 꾸란의 법안은 뛰어넘을 수 없다.
- ❖ 미지의 것에 대한 꾸란의 서술은 오직 계시에서만 나올 수 있다.
- ❖ 꾸란은 건전한 자연과학과 모순되지 않는다.
- ❖ 꾸란이 약속한 모든 것은 좋은 소식이건 경고이건 간에 모두 이행한다.
- ❖ 구성하는 법적 지식과 창조에 관한 지식 모두를 아우른다.
- ❖ 꾸란은 인간 욕구를 충족한다.
- ❖ 꾸란은 사람들의 마음에 영향을 준다.

알-바낄라니(al-Bāqillānī, 히즈라 403년/서기 1013년 사망)와 같은 또 다른 학자는 저서 ≪꾸란의 기적(I'jāz al-Qur'ān)≫[3]에서 세 가지 측면을 논했습니다.

1. **문맹의 선지자.** 선지자 무함마드는 '움미(Ummī)' 즉 문맹인

---

3) Suyūṭī의 *Itqān*은 부분적으로 출판되었습니다.

이라고 불려 왔습니다. 무함마드가 전혀 읽거나 쓸 줄 몰랐다고 말하는 사람들도 있지만, '움미'라는 말은 그가 교육받지 못한 부족에 속해 있었다는 것을 의미할 수도 있습니다. 어쩌면 조금 읽거나 썼을 수도 있고 그렇지 않았을 수도 있습니다. 하지만 어떤 경우에도 움미인 그의 기본 상황은 바뀌지 않습니다. 그는 학자나 역사가가 아니었으며, 또한 철학자도 성직자도 아니었습니다. 꾸란을 읽거나 쓰지 않았음에도 꾸란을 선포했으며, 선대 선지자들과 이전의 경전 및 옛날 사건들에 대하여 많은 꾸란의 장과 구절들을 낭송했는데, 이 모든 일들이 그가 교육받지 않은 무리에 속했으며, 세상에서 가장 외진 곳이자 문명과 문화의 중심에서 멀리 떨어져 있던 곳에서 벌어졌습니다. 이 사실 자체가 바로 '이자즈 알-꾸란(꾸란의 기적)'의 한 측면입니다.

2. **미지의 세계.** 이자즈 알-꾸란의 또 다른 측면은 보이지 않는 세계, 즉 미지에 대한 지식이 있어야 예측 가능한 예언을 담고 있다는 것입니다. 그중에서도 가장 잘 알려졌던 예언은 로마가 페르시아에게 패배한 직후 페르시아에 대한 로마의 역사적 승리에 관한 것으로, 이 예언은 선지자 생애 동안 이루어졌는데, 당시 이슬람의 적들이 그 예언의 증인이었습니다.

> 로마 제국은 이웃 나라에서 패배했으나, 그 패배 후에도 몇 년 안에 곧 승리를 거두리라. (30장 *Sūrah ar-Rum* 2-3절)

로마군의 패배는 예루살렘이 페르시아에 점령된 서기 614년

(히즈라 15년)에 일어났고, 페르시아의 패배는 그로부터 7년 후인 서기 622년 이수스 전투에서 로마가 승리하면서 시작되었습니다. 또 다른 예언은 모든 타신앙에 대한 이슬람의 승리입니다(9장 *Sūrah al-Tawbah* 33절, 24장 *Sūrah an-Nur* 54절).

3. **모순이 없음**. 꾸란의 메시지가 23년에 걸쳐 길거나 짧게, 여러 차례에 걸쳐 다양한 상황에서 계시되었음에도 어떤 모순도 없습니다. 꾸란이 인간에 의해 기록되었다면, 분명 어떠한 모순이라도 존재했을 것이고 식별될 수 있었을 것입니다. 꾸란도 이미 이 사실을 지적합니다.

> 만일 그것이 하나님이 아닌 다른 곳에서 왔다면, 틀림없이 많은 불일치를 발견했을 터, 그들은 꾸란을 고려하지 않는 것인가?(4장 *Sūrah an-Nisa* 82절)

문학적 측면
학자들은 문체와 형식이나 내용 면에서 꾸란에 필적할 만한 문헌이 존재하지 않는다고 지적했습니다.

사르파
일부의 꾸란 이성주의 학교 무으타질라(*Mu'tazilah*)에서는 꾸란에서 모방할 수 없는 것이 없기에 모방이 가능해야 했지만, 이슬람의 적들이 모방하는 것을 혐오(*Ṣarfah*, 사르파)하시는 하나님께서 막아 놓으셨다는 의견을 제시했습니다.

반면에 다른 학자들은 이에 동의하지 않으며, 이 견해가 꾸란 자체를 기적으로 여기는 관점과 모순된다고 말합니다. '혐오 견해론'은 기적이 꾸란 자체에 있는 것이 아니라, 하나님께서 개입하여 이슬람의 반대자들이 꾸란과 같은 것을 만들어 내지 못하게 한 데 있음을 암시한다고 반박하는 것입니다.

꾸란과 컴퓨터 연구

꾸란 74장 *Sūrah al-Muddathir* 30절 "그 위에 19가 있다"라는 내용이 때때로 해석자들을 혼란에 빠뜨렸습니다.

미국에서 한 무슬림 과학자가 컴퓨터로 꾸란을 연구한 결과, 19라는 숫자가 본문 구성에 어느 정도 중요한 의미를 지닌다는 사실을 밝혀 냈습니다.[4]

컴퓨터 자료에 의하면 여러 장(章, *Sūrah*)에서 특정 문자들이 항상 19의 배수로 나타난다는 것이 밝혀졌습니다. 예컨대 꾸란 50장 수라 카프(*Sūrah Qāf*)에는 문자 *Qāf*가 19의 배수인 57번 포함되고(3×19), '하나님 이름으로'라는 의미를 지니는 비쓰밀라(*Bismillāh*) 구절은 19개의 문자로 구성되어 있으며, 이 구절이 114번[9장 *Sūrah al-Tawbah*에는 안 나오고(=113번) 27장 *Sūrah an-Naml* 30절에서 한 번 더 나옴(=113+1)] 등장하는데, 이는 19의 6배(19×6)에 해당합니다. 뿐만 아니라 이 구절 각각의 네 단

---

4) 다음을 참조하십시오. Khalifa, R., 『무함마드의 영원한 기적(*The Perpetual Miracle of Muhammad*)』, 투손, 1978. Deedat, A., 『영원불멸의 기적, 꾸란(*Al-Qur'ān the Ultimate Miracle*)』, 더반, 1979.

어가 19의 배수로 등장한다고도 주장합니다. 그러나 후자의 주장은 압둘 바끼('Abd al-Bāqī)의 용어 색인의 도움을 빌어 간단히 계산해 보면 틀렸다는 것을 알 수 있습니다.[5]

연구원은 이런 발견으로부터 근본적 특징을 가진 꾸란의 크기, 형식 및 내용의 텍스트를 만들어 낸다는 것이 인간으로서는 불가능하다는 결론을 내렸습니다. 그에게 있어 이것은 꾸란의 독특한 특징에 대한 '수학적 증명'입니다.

꾸란의 기적

꾸란의 기적에 대한 모든 지적 항목의 관련성에 대해 가장 오래된 고전 학자들의 견해와 최근의 컴퓨터 연구에 이르기까지 다양한 의견 차가 있을 수 있고 또 실제로 존재하지만, 모든 무슬림에게 진정으로 독특한 꾸란의 특징으로 간주되는 것은 인류를 위한 하나님의 인도라는 것입니다. 이보다 더 나은 다른 인도는 없으며, 바로 이 점이 꾸란을 독특하고 모방할 수 없게 만듭니다. 꾸란의 기적은 바로 그것이 바로 히다야(Hidāyah, 인도, 引導)라는 데 있습니다. 꾸란은 주장합니다.

> (그들에게) 말하라. "하나님의 책보다 더 나은 아흐다(Ahdāh, 지침)를 가져와 보라, 너희가 진실되다면 나도 따르리라."(28장 Sūrah al-Qasas 49절)

이 지점에 바로 꾸란의 독특함, 기적, 그리고 다른 모든 저술

---

5) *Al-Mu'jam al-Mufahras li-Alfāz al-Qur'ān al-Karīm*, 카이로

들을 능가하는 우월함이 있습니다. 여기에 꾸란의 기적이 자리합니다. 주장은 명백합니다. 히다야(인도, 引導)의 내용도 명백합니다. 인간이든 진이든 어떤 존재도 꾸란보다 더 나은 히다야를 만들어 낼 수 없습니다. 꾸란은 '유일무이한 지침'이라 주장함으로써 유한한 인간 정신에 의해 부여된 모든 피상적 특성들을 초월합니다. 꾸란 메시지는 지극히 단순하고 놀라울 정도로 분명합니다.

누구든지 열린 마음, 편견 없는 시각, 선입견 없는 귀로 히다야를 구하면 진리에 도달할 것입니다.[6]

꾸란과 과학

넓은 의미에서 과학이란 가능한 한 정확하게 묘사되는 물질적 우주에 대한 지식으로 정의할 수 있습니다. 과학적 연구는 이 같은 지식을 구하려는 시도로, 과학적 진리 또는 과학적 사실은 이 연구의 결과입니다. 사물에 대한 지식으로서 과학 또한 진리의 한 분야로 간주되지만, 여기에서 중요한 점은 과학적 진리는 궁극적이지 않으며 끊임없이 변화한다는 사실입니다. 과학 연구와 발견의 연속성은 새로운 지식 요소의 제공에 따라 오늘의

6) Ahmad. A., '협잡꾼들 손에 좌우되어 기적이라 불리는 꾸란', *Al-Ittihad*, 1978년 4월, 45-62쪽, 61-62쪽. 이 논문에는 기적(*I'jāz*)에 관한 고전적 견해도 간략하게 담고 있습니다.

과학적 진리가 내일이면 다른 빛으로 보일 수 있음을 의미합니다. 마지막으로, 과학 현실은 모든 능력과 한계를 지닌 인간 정신의 노력이기에 사물의 참된 본질에 대한 모든 다양성과 한계를 지닌 인간의 관점을 구성합니다.

과학과 꾸란

고전 학자들은 (이자즈 알-꾸란이라는)꾸란의 독특한 본질을 다루면서 꾸란이 사물의 본질, 물질적 환경 등에 관한 정보를 포함[7]하고 있으며, 이 정보가 인간 관점과 경험에 상충하지 않는다는 점을 이미 지적한 바 있습니다. 또한 과학의 발전과 그것이 무슬림의 삶과 사회에 미친 즉각적인 영향은, 특히 지난 세기와 현대에 이르기까지 많은 무슬림들로 하여금 꾸란을 배경으로 과학을 바라보게 하였고, 그들은 꾸란에 명시된 특정 과학적 사실들이 정확하게 묘사되어 있는지에 대해 여러 제시를 해 왔습니다.

꾸란은 사람들이 발견한 과학적 탐구 내용들과 완벽히 일치하는 과학적 사실들에 대한 정보를 담고 있으며, 이런 측면에서 매우 중요한 사고들 중 몇몇은 다음과 같습니다.[8]

❖ 지구는 이전에 태양의 일부였으며 태양으로부터 분리된 후

---

7) 앞서의 *I'jaz al-Qur'ān*을 참조하십시오.

8) 뷔까유(Bucaille)는 자신의 저서 『꾸란과 성경과 과학』(인디애나폴리스, 1978)에서 더욱 조심스럽게 접근합니다. 그는 "꾸란에는 현대 과학적 관점에 대해 어떤 공격적인 표현도 포함되어 있지 않다"라고 썼습니다(서문, viii쪽).

에야 인류가 거주할 수 있는 장소가 되었다.(21장 *Sūrah al-Anbiyah* 30절)

❖ 모든 생명은 물에서 나왔다.(21장 *Sūrah al-Anbiyah* 30절)

❖ 우주는 [꾸란에서 두칸(*Dukhān*)이라 부르는]불타는 가스 형태를 띠고 있었다.(41장 *Sūrah Fussilat* 11절)

❖ 물질은 미세한 입자들로 이루어져 있다.(10장 *Sūrah Yunus* 62절)

❖ 공기의 산소 함량은 더 높은 고도에서 감소한다.(6장 *Sūrah al-Anam* 125절)

❖ 자연의 모든 것은 인간과 동물뿐 아니라 식물과 심지어 무기물까지 상호 보완적 요소들로 구성되어 있다.(36장 *Sūrah Ya-Seen* 36절)

❖ 자궁 속 태아는 세 개의 덮개로 둘러싸여 있다.(39장 *Sūrah az-Zumar* 6절)

❖ 어떤 식물의 거름은 바람에 의해 이루어진다.(15장 *Sūrah al-Hijr* 22절)

❖ 정자(精子)와 같이 육안으로 볼 수 없는 미세한 유기체가 존재한다.(96장 *Sūrah al-Alaq* 1절)

❖ 개개인은 영구적인 각각의 지문을 가지고 있다.(75장 *Sūrah al-Qiyamah* 4절)

여기까지의 내용은 여러가지 예의 일부분에 불과합니다.[9] 과

---

9) Ṣābūnī, Tibyān, 131-137쪽을 참조하십시오. 추가 보기와 세부 논의는 뷔까유의 앞의 책을

학적 발견과 일치하는 이런 문제들은 꾸란 계시 당시에는 인간들에게 알려지지 않은 문제들이었으므로 이에 대한 논란이 있었습니다. 그것들은 수세기 지나 집중적인 과학 연구 끝에 발견되었습니다. 따라서 꾸란에 포함된 이 내용들은 책의 기원이 천상(天上)임을 보여 줍니다. 이 천상적 기원은 과학적 사실에 대한 묘사의 정확성에 의해 더욱 확증되며, 그 주장은 계속 이어지고 있습니다.

과학인가, 꾸란인가?

과학 분야의 학자들과 저술가들이 제시한 꽤 매력적인 증거들에도 불구하고 여기에서는 다음과 같은 근본적 질문들이 제기됩니다. 과학적 사실이 최신의 과학적 연구 결과로 유효하고 오늘날 꾸란과 일치한다면, 그리고 천상의 기원에 대한 그 논증만으로도 확신이 들었다면, 더 집중적 연구 결과에 따라 그러한 과학적 사실들이 다시 새로운 관점에서 보이고, 아마도 이전에 받아들였던 꾸란의 입장과 달라진 누군가가 있다면, 그의 태도는 어찌 될 것인가? 이러한 차이가 꾸란의 인류 기원을 확신시켜 그 천상적 기원을 반박해야 할까?

다시 말하자면, 불과 얼마 전까지만 해도 많은 과학적 사실들이 오늘날의 과학적 진리와 완전히 일치하지는 않았습니다. 만약 오늘날의 과학적 진리가 꾸란과 일치한다면, 이것은 아마 수

참조하십시오.

십 년 또는 수세기 전만 하더라도 과학을 믿는 어떤 사람에겐 꾸란의 천상 기원을 확신할 수 없었을 것임을 시사합니다. 마찬가지로, 지금부터 수십 년 또는 한 세기 후에 과학, 즉 사물의 진정한 본질에 대한 인간의 관점은 오늘날 '진리'를 제시하는 방식과 전혀 다르게 그 발견을 설명할지도 모릅니다. 그러므로 과학과 과학적 진리에 대해 비록 이 시점에서 특정 문제에 대한 과학과 꾸란의 일치성을 위해 인용할 수 있는 좋은 예가 많이 있을 수도 있지만, 일반적으로 꾸란의 진정성이나 비인간적 기원에 대한 기준으로 받아들여질 수는 없습니다, 그럼에도 꾸란은 인류를 위한 지침서이지 과학 서적이 아니며 과학적 진리에 기반한 수수께끼를 캐내는 광산도 아닙니다.

무슬림들은 꾸란이 하나님의 인도라고 믿는 반면, 과학은 인간의 노력이며, 우리는 지속적으로 변화하는 과학이 꾸란을 지지하는 듯 보이건 그렇지 않건 어떤 상황이라도 하나님의 인도로 믿고 있습니다.[10]

---

10) 내 생각에는 뷔까유의 설명 시도조차 만족스럽지 않습니다. 뷔까유는 "확실히 입증된 자료 … 논란의 여지가 없는 사실들을 사용하고자 하며, 과학이 불완전한 자료를 제공한다 할지라도 오류를 두려워하지 않고 사용할 수 있을 만큼 충분히 확립된 자료일 것이다"라고 말합니다(서문, vii쪽). 그는 다음과 같이 예시합니다. "지구가 태양을 돌고 달이 지구를 돈다는 사실은 확립되어 있으며, 이는 수정되지 않을 것이다(p.123)". 하지만 바로 이 점은 불과 몇 세기 전에 커다란 코페르니쿠스 논쟁을 일으켰고, 그 이전에는 태양이 지구를 돈다고 확고히 주장되었던 부분입니다! 현재의 과학적 관점이 완전히 바뀌지 않으리라는 보장이 어디 있겠습니까? 이는 우리가 과학적 사실을 절대적 진리로 받아들여서는 안 된다는 것을 보여 주는 가장 좋은 예입니다. 과학적 사실은 우리가 그것들에 대해 알고 있는 현재의 지식일 뿐입니다.

꾸란과 오리엔탈리스트들

소수의 오리엔탈리스트들이 꾸란을 진지하게 연구한 주요 관심사 중 하나는 자신들이 생각하는 꾸란 본문의 원래 순서를 조사하는 일이었습니다. 그 이유는 그들에게 있어 '연대기적 배열이 본문을 이해하는 데 근본적으로 중요'하기 때문이었습니다.[11] 이런 노력의 결과는 꾸란 본문에 대한 많은 연구와 각 장의 '재배열'을 통한 꾸란의 여러 번역으로 이어졌습니다.[12]

지난 2세기 동안 이슬람에 대한 보다 집중적인 오리엔탈리즘 연구가 이루어지면서 오리엔탈리스트들에 의해 수만 권의 이슬람 관련 서적이 쓰여지고 출판되었지만, 놀랍게도 이슬람에 관한 모든 연구의 유일한 기초가 되는 꾸란에 대한 기본 연구서는 불과 대여섯 권에 지나지 않습니다. 현 세기 동안 출판된 꾸란 번역본을 제외한 오리엔탈리스트들이 출판한 저서 원본들의 간

---

11) *Shorter Encyclopaedia of Islam*, 레이든, 1961, p.284.

12) 모든 오리엔탈리스트들은 꾸란 구절을 시기별로 분류했는데, 마카와 마디나 시기로 분류했습니다. 여기에서 가장 기본적인 기여는 바일(Weil, G.)의 『역사적 비판적 꾸란 서론(*Historisch Kritische Einleitung in den Koran*)』(비엘펠트와 라이프치히, 1878)입니다. 참고할 저서로 무어(Muir, W.)의 『꾸란: 그 구성과 가르침(*The Coran, its composition and teaching*)』(런던, 1878)과 특히 놀데케(Noldeke, Th.)의 『꾸란의 역사(*Geschichte des Qorans*)』가 있으며 이는 로드웰(Rodwell, A.)의 『꾸란: 연대순으로 배열된 수라 번역본(*The Coran, translation with the Sūrahs arranged in chronological order*)』(런던, 1876)의 기반이 되었습니다. 기타 재배열된 번역으로는 벨(Bell, R.)의 『비판적인 꾸란 재배열에 의한 번역(*The Quran translated with a critical rearrangement of the Sūrahs*)』(에든버러, 1937)와 블라쉐르(Blachère, R)의 『꾸란: 새로운 번역(*Le Coran. Traduction nouvelle*)』(파리, 1949-1950)이 있습니다. 당연히 번역은 꾸란 각 구절을 보는 것에 제한하는 것을 넘어 각 장의 특정 부분을 할당하여 '재분류'를 시도해야 했습니다.

략한 검토를 통해 그 개요를 훑어 볼 수 있습니다.

꾸란의 역사.[13] 네 명의 독일 오리엔탈리스트가 집필한 ≪꾸란의 역사(*Geschichte des Qorans*)≫는 '꾸란의 기원', 꾸란의 수집, 꾸란 텍스트의 역사, 이렇게 세 부분을 다룹니다. 당연히 이 책은 다양한 저자들의 다양한 접근 방식과 학문 유형을 반영하여 완성되었습니다. 비록 나중에는 이슬람 역사에 대한 자신들의 일부 주장을 단념했을지라도 이슬람을 향한 저술가 뇔데케(Noldeke)의 편견은 여전히 분명하게 드러났습니다.[14]

제1권에서 다루는 주요 내용은 제2부의 '꾸란 각 부분의 기원에 관하여'에 들어 있습니다. 여기에서 뇔데케는 자신의 초기 작업을 기반으로 꾸란의 장을 네 기간으로 배열했는데, 무슬림들의 자료, 특히 수유티의 이트칸(*Itqān*)과 타바리(Ṭabarī)에 크게 의존하여 마카 기간을 세 단계, 마디나 기간을 한 단계로 구분했습니다. 이런 까닭으로 제시된 자료는 일반적으로 편향된 논평과는 별개로 해당 주제에 대한 고전 무슬림 저술의 좋은 단면을 보여 줍니다. 참고로, 유명한 꾸란 번역가인 픽탈(Pickthall)은 자신의 꾸란 번역에서 연대기 논평을 이 자료에 크게 의존했습니다.[15] 마지막 부분은 '꾸란에 포함되지 않은 계시'에 관해 다양

---

13) Noldeke, Th. 외, *Geschichte des Qorans*, 라이프치히, 1909-1938, 3부작.

14) 2부 76쪽과 재판본 서문을 참조하십시오. 처음이나 특정 구절에서 보이는 '약어 문자'는 필경사나 필사본 소유자의 이니셜입니다.

15) 픽탈(Pickthall, M.)의 앞의 저서에서 여러 꾸란 장에 대한 간략한 소개를 참조하십시오 (예, 31쪽 주석 2, 32쪽 주석 1, 78쪽 주석 2 등).

한 하디스와 다른 출처를 기반으로 논의합니다.

'꾸란의 수집'을 다룬 제2권에서는 거의 전적으로 무슬림 자료[다시 이트칸(*Itqān*)을 대부분 참조]에 기반하며, 꾸란 수집에 관한 다른 자료와 비교해 '지배적 관례'에 대한 논의를 차분하게 제시합니다. 슈왈리(Schwally)는 그에 대한 자료를 제시하고 성찰한 후, 무슬림들의 고전적 견해에 매우 가까운 결론에 도달합니다. 즉, 현재 우리에게 있는 '꾸란의 모습'은 무함마드 사망 2~3년 이후에 완성되었는데, 그 이유는 우스만 판은 하프사 소장품을 복사한 것에 불과하며, 그 편집 작업이 아부 바크르나 또는 늦어도 우마르에 의해 완성되었기 때문입니다. 아마도 그 편집 작업은 꾸란 각 장의 구성과 배열에만 관련되었을 것이며, 계시의 여러 부분에 관한 한 우리는 그 본문이 전반적으로 선지자 유산에서 발견되는 그대로 전해졌다는 것을 확신할 수 있습니다.[16]

제3권의 주된 내용은 꾸란 필사본과 다양한 낭송법에 관한 것으로, 다시 한번 무슬림 자료에서 가져온 기본 정보를 냉정하게 제시했습니다. 베르크슈트라세르(Bergstraesser)는 주로 이븐 마스우드와 우바이 필사본에 수록된 우스만 필사본을 주로 다루었으며, 나중에는 꾸란 낭독법 역사의 발달 과정을 소개했습니다.

프렛츨(Pretzl)은 잘 알려진 일곱 가지 유명한 낭독법과 낭송 관련 문헌에 역점을 둔 여러 낭송법을 제시했는데, 최종적으로

---

16) GdQ, 2권, p.120.

는 오래된 꾸란 고서체와 문양 장식을 간략하게 다루었습니다. 2권에서와 마찬가지로, 이들의 주요 출처는 고전 무슬림 저자들, 특히 수유티(Suyūtī), 마바니(Mabānī), 자자이리(Jazāirī)와 그 밖의 다양한 낭송법의 저자들입니다.

오늘날까지 뇔데케와 슈왈리가 유일하지는 않더라도, 적어도 서술적 태도에 있어서는 꾸란을 진지하게 접한 오리엔탈리스트들 중 가장 포괄적이었습니다. 이것이 바로 후대의 저자들이 어떤 주제에 대한 자료를 수집하고 이를 제시하는 데 있어 (뇔데케 정도는 아니더라도)염두에 둔 방법이었습니다. 일부 저자의 논평과 결론은 무슬림들에게서 환영받지 못하겠지만, 이 주제에 대해 다룬 방대한 영역과 고전 무슬림 문헌에 기초한 발표는 인정할 만한 가치가 있습니다.[17]

특히 후반부의 두 권에서는 놀랍게도 무슬림들에게 경멸적일 만한 문체를 보인 부분이 거의 없으며, 실제로 표현의 기본은 이 주제에 대한 고전 무슬림 문헌과 별로 다르지 않습니다.[18]

---

17) 저명한 꾸란 영문 번역자인 유스프 알리(Yusuf Ali)가 이 책에 대해 더 이상 언급하지 않은 것은 놀라운 일이 아닙니다(그가 알았을 당시에는 3권이 출판되지도 않았습니다). 그러면서 다음과 같이 간략하게 언급했습니다. "꾸란 연대기에 관한 독일어 에세이는 그 비평과 결론은 비무슬림 관점에서 나온 것으로 우리들이 모두 받아들일 수는 없겠지만 실질적으로 이 주제에 대한 유럽 학계의 마지막 연구라고 할 수 있습니다."[『거룩한 꾸란(The Holy Qur'ān)』 라호르, 1934, 서문, 15쪽].

18) 블라쉐르(Blachère)의 『꾸란 소개(Introduction au Coran, 이하 '꾸란 소개')』(파리, 1947)는 살리(Sālih)가 오리엔탈리스트들의 견해를 반박하며 자주 언급했으나 사실상 뇔데케-슈발리(Noldeke-Schwally)의 내용을 프랑스어로 요약한 것에 불과합니다. 블라쉐르(Blachère)는 자신이 이들에게 크게 의존했음을 솔직히 인정했지만(29쪽), 독일의 선임 연구자들보다 덜 객관적인 태도를 보입니다. 그는 매우 부적절한 제안으로써 무슬림들이 받아들이는 사안에 의심을 불러일으키려는 질문을 일삼지만, 뇔데케-슈발리조차 반박하지 않았습니다. 이 점

꾸란 본문의 역사 자료.[19) 이 책 ≪꾸란 본문의 역사 자료 (*Materials for the History of the Text of the Qur'ān*)≫의 저자는 꾸란 연구에 진지하게 집중한 몇 안 되는 오리엔탈리스 중 한 명이었으며, 아마 최근까지도 이 분야에서는 유일한 영어권 학자였을 것입니다. 제목이 시사하듯, 이 책은 '꾸란 본문의 역사 문제에 대한 기여'로 '꾸란 본문 발전의 역사 기록'을 주요 목표로 삼았습니다.[20)

이 책에서 제프리(Jeffery)는 이븐 아비 다우드(Ibn Abī Dāwūd, 히즈라 316년/서기 928년 사망)의 ≪키타브 알-마사히프(*Kitāb al-Masāḥif*)≫라는 아랍어 필사본과 소위 '꾸란의 아랍어 텍스트에 대한 다양한 낭독'이라는 긴 목록을 결합했습니다. '다양한 낭독'이라 함은 오늘날 우리가 가지고 있는 꾸란 본문과 꾸란 필사본의 가장 오래된 출처 사이의 차이점을 의미합니다. 그런 차이는 개인적으로 쓴 꾸란 필사 모음집에서 발생했는데, 이는 선지자 동료들과 그들의 승계자들 중 일부가 칼리프 우스만이 꾸란의 여러 사본을 준비하여 각 무슬림 지역으로 보내기 전에 개인적으로 사용하기 위해 준비해 두었던 것들입니다.

에서 그는 뇔데케의 원작에 더 가깝지만 『꾸란의 역사(*Geschichte des Qorans*)』 개정판보다는 덜 중립적입니다. 그는 또 우스만 필사본을 '불가타(vulgate)' 성경(405년에 완역된 라틴어 성경)이라며, 그가 서양 그리스도교 전통의 지평 너머를 바라보는 것이 얼마나 어려움을 겪었는지 시사했습니다.

19) Jeffery, Arthur, *Materials for the History of the Text of the Qur'ān*. The old codices. 레이든, 1937.

20) 앞의 책, p.vii.

물론 제프리의 의견은 우리가 가지고 있는 오늘날 꾸란 본문이 '원본' 또는 '올바른' 버전이 아닌, 많은 사람들의 손을 거치지 않았더라도 최소한 꾸란 자료 수집에 관여했던 우스만이나 아부 바크르에 의하여 변조된 것이라는 주장입니다. 오직 그러한 가정만이 오리엔탈리스트들이 우스만 이전의 필사본(즉, 꾸란 필사본 모음집)들에 대해 많은 정보를 수집해 그 정보들을 현재 본문과 연관시키고, 그렇게 함으로써 예컨대, 그리스도교 성서에서 행해졌던 것처럼 '비판적 장치'를 준비하려는 목적을 정당화할 수 있었습니다. 그런 시도에도 불구하고, 이 방대한 연구는 선지자의 교우들과 그 승계자들에게서 기인한 총 28개의 모음집 중 다양한 낭독 방식에 대한 유용한 정보 수집인 것으로 간주됩니다. 꾸란의 본문 비평을 '재구성'하려던 제프리의 시도는 출판된 적이 없기에 성공하지 못한 것이 확실합니다.[21]

두 번째 내용이 나에게 있어서는 훨씬 더 중요한 것입니다. 제프리가 정보를 얻은 고전에 나열된 (모든 혹은 대부분의)변형들은 각각의 변형된 낭독 방식에 대한 정보가 어떻게 얻어지고 전승되었는지 보여 주는 이스나드(*Isnad*, 전승의 연결고리)가 함께 제공되어야 했습니다. 어쩌면 제프리는 이 이스나드에 대한 연구가 (오리엔탈리스트들이 일반적으로 이것들이 어차피 조작되었다고 가정하듯)쓸모없다고 생각했을지도 모릅니다. 그런데, 그렇다면 자신의 수집품이 꾸란에 대한 비평적 텍스트에 어떤 도움이 될 수

---

21) 앞의 책, p.17.

있으리라는 확신은 대체 어디에서 비롯된 것일까요? 어찌되었건 제 생각에는 모든 경우에 이스나드를 면밀히 조사되어야 하며, 변형 낭독 방식에 대한 전승 중 어떤 것이 실제 개연성이 있거나 불가능한지, 만약 개연성 있는 전승이라면 그중 어떤 게 온전한지 또는 그렇지 않은지 판단해야 합니다. 이 모든 것들이 여전히 수행될 수 있지만, 제프리가 수집한 내용들은 다만 이러한 연구에 한정된 용도로만 사용할 수 있을 따름입니다.

꾸란 모음집. 존 버튼(John Burton)의 저서 ≪꾸란 모음집(*The Collection of the Qur'ān*)≫[22]은 서양에서 오리엔탈리스트에 의해 꾸란 필사본의 역사를 다시 쓰려는 가장 최근의 시도입니다. 꾸란 본문의 역사와 관련하여 버튼은 모든 하디스에 대한 의문을 제기하려 시도합니다. 그는 단순하게 골드치허(Goldziher)와 샤흐트(Schacht)의 '방식'을 채택했는데, 이 두 사람 모두 전체 하디스는 아닐지라도 대부분 2세기와 3세기 때 위조한 결과라고 주장해 왔습니다.[23] 특히 버튼은 2세기와 3세기 법학자들이 꾸란에 근거하지 않은 몇 가지 관행을 채택했다고 주장합니다. 이를 뒷받침하기 위해 그들은 '알-나시크 왈 만수크(*al-Nāsikh wa'l Mansūkh*, 무효시킴과 무효됨) 이론'[24]을 만들었으며, 꾸란 본문 수

---

22) 캠브리지대학교 출판부, 캠브리지, 1977.

23) 꾸란 소개, 5-6쪽.

24) 그러한 관행들이 계시 구절에 근거하고 있으며 그 표현은 폐기되었지만 그 법적 판결은 그대로 유지되는 것을 의미한다고 제안합니다(*Naskh al-Tilāwa Duna al- Ḥukm*, 63쪽).

집에 관한 다양한 보고서도 만들었습니다. 특히 이들은 여러 변형된 낭송 방식을 자신들의 주장을 강화하는 것으로 추정되는 선지자의 몇몇 교우들에게 돌렸습니다.[25)]

버튼에 따르면, 그들 반대자들은 자신들의 주장을 강화하기 위한 방편으로 우스만 당시 꾸란 수집 역사의 지배적 버전을 만들어 냈습니다.[26)] 따라서 꾸란 수집에 관한 모든 보고는 모두 모순되고 만들어진 것입니다.[27)] 자신의 저서 말미에 버튼은 지금 우리의 손에 있는 꾸란 텍스트는 "선지자에 의해 정리되고 승인된 형태로 우리에게 내려온 텍스트로서…, 오늘날 우리 손안에 있는 건 무함마드의 무스하프이다"라고 주장합니다.[28)] 버튼의 설명은 비록 그 결론이 흥미롭기는 하지만 몇 가지 경우에 있어 설득력이 약합니다. 골드치허–샤흐트의 관점은 이미 반박되었습니다.[29)] 따라서 그들 주장을 채택해 꾸란의 역사에 적용하는 것은 설득력이 없습니다.

법률학자들 사이의 '특정의 논쟁 주제들'이 보고서 창작 동기를 부르고, 꾸란의 변형된 필사본의 원인을 몇몇 교우들에게

---

25) p.44.

26) pp.196-197.

27) p.225.

28) pp.239-240.

29) 특히 하디스들이 초기 1세기에 기록되었음을 증명한 학자들에 의해 제기되었습니다. 2~3세기경에 조작되었다는 주장은 이 증거를 부정함을 의미합니다(다음을 참조하십시오. Sezgin Fuad, *Geschichte der Arabischen Literatur*, 레이든, 1967, Vol.1, Ḥamidullah, Muḥammad, *Saḥīfa Ibn Munabbih*, 파리, 1979).

전가하려는 버튼의 증명 사례는 사실 두 가지에 불과하기에[30] 그토록 심각한 비난에 대한 증거로는 충분치 않습니다. 버튼이 "발명되었다"라고 주장한 교우들[31]의 필사본과 더불어 그들의 변형된 낭독 방식은 일부 혐의를 받는 당사자들의 법적 견해를 뒷받침하는 데 사용될 수 있는 구절을 포함하고 있지 않습니다. 사실상 이 교우들 중 어느 누구도 '우스만의 본문'과 다른 두 구절(돌팔매질과 젖먹이기 구절)을 가지고 있지 않습니다.[32]

버튼은 오리엔탈리스트들 사이에서 부분적으로 선배들에 기반한 새 이론을 발전시켰지만, 그들의 발표나 결론과는 달랐습니다.[33] 그는 자신의 가장 중요한 주장 몇 가지, 가령 교우들의 '모음집'에서 간통죄 처벌이나 젖먹이기 관행에 관한 법적 사용을 지지하기 위해 발명되었다는 주장을 뒷받침하는 데 실패했습니다. 이러한 '수집' 중 그 어느 것도 이러한 문제에서 우스만 필사본과 다르지 않으며, 오늘날 우리가 읽는 이 필사본은 무함마드가 선포한 계시 텍스트이기 때문입니다.

---

30) 소위 '투석의 구절(verse of stoning, 72쪽 이하)'과 '수유의 구절(verse of suckling, 86쪽 이하)'.

31) 예를 들어, 이븐 마스우드(Ibn Masʿūd)와 우바이 이븐 카아브(Ubay Ibn Kaʾb).

32) 220쪽에서 버튼(Burton) 자신이 묘사했던 우스만 필사본과 그들의 실제 차이점을 참조하십시오.

33) 이 책에 대한 연구는 전임자들은 알지 못하는 여러 필사본에 대해 접근할 수 있다는 이유로 새 지평을 열어 주겠다는 그의 특정 주장을 받아들일 수 없다는 것을 시사합니다. 비록 자신의 문헌에서 7개의 필사본을 인용하지만, 그중 어느 것 하나 분명히 그의 발표문이나 문서에 두드러지게 등장하지 않습니다. 또한 버튼(Burton) 자신도 이 원고들이 해당 주제에 대해 새롭게 조명하는 지점을 밝히지 않을뿐더러, 오히려 다른 근거들도 포함하고 있음을 표현하는 것으로 보입니다.

제8장

꾸란을 읽고 학습하기

꾸란과 예절[1]

청결

성(聖) 꾸란은 우리에게 전하는 하나님 말씀이므로 여기 알맞은 존중이 마땅합니다. 이를 마주하는 지침도 꾸란에 명시가 되어 있습니다.

> 잘 간직된, 청결한 이들 이외에는 아무도 만질 수 없는 책.(56장 *Sūrah al-Waqiah* 78-79절)

이는 꾸란을 접하기 위해 '우두(*Wuḍū*, 세정)' 또는 '구슬(*Ghusl*, 목욕)'을 통한 '타하라(*Ṭahārah*, 청결 의식)' 상태에 있어야 한다는

---

1) 다음의 꾸란 낭송과 암기 및 학습 방법을 참고하십시오.

뜻입니다.[2]

바른 마음가짐

꾸란을 공부하고 낭송하며 명상에 잠길 때는 언제나 하나님께 기쁨을 드리려는 바른 마음가짐으로 시작해야 합니다. 세속적 수익을 이슬람 관습이나 종교에서처럼 하나님의 계시에서 찾을 수도 있겠지만, 진실한 하나님의 종복은 장차 다가올 세상을 염두에 두어 현세에서의 행동을 내세를 위한 준비로 여깁니다. 우바이다 알-말리키('Ubaida al-Malikī)가 하디스에서 선지자의 말을 전했습니다;

> 꾸란을 믿는 사람들이어, 이를 베개로 삼지 말고, 밤낮으로 정확히 낭송하여 대중화시키십시오. 꾸란 말씀을 정확하게 발음하고, 내용을 잘 생각하여 인도를 받아 성공에 이를 것이며, 세속적 이익에 연연하지 말고, 오직 하나님의 기쁨을 구하는 마음으로 낭송해야만 합니다.[3]

선지자의 이 조언에는 우리가 생각해야 할 사항이 있습니다.

❖ 밤낮으로 낭송할 것. 꾸란 낭송에 지속적인 관심을 가져야 한다는 정기성(regularity)을 내포한다.

---

2) 꾸란을 (손대지 않은 채)낭송함에 대한 하디스의 언급에 따르며, 선지자는 세정 상태 여부에 관계없이 꾸란을 낭송했지만 부부관계 후 불결한 상태나 생리 기간에는 금지시켰습니다.

3) Hashimi, R., 『바른 윤리를 위한 지침서(*A Guide to Moral Rectitude*)』, 델리, 1972, 114-115쪽.

❖ 대중화할 것. 첫째로 정기적인 낭송을 준수하며, 둘째로 가족, 친척, 친구 등 다른 사람들에게 권하고 격려해야 함을 내포한다.

❖ 단어를 정확하게 발음할 것. 다양한 글자와 단어, 길이, 멈춤 등의 정확한 발음에 주의를 기울여야 함을 내포한다.

❖ 의미를 생각할 것. 낭송하는 내용을 이해해야 함을 내포한다. 낭송만으로도 물론 축복받지만, 선지자의 지침은 낭송하는 내용을 숙고하고 인도를 구하면서 그대로 행동해야함을 명백히 밝힙니다. 이는 매우 중요한 요점으로, 특히 꾸란을 반영하여 행동하는 무슬림들을 찾기 힘든 현 세태에서는 더욱 그렇습니다.[4] 물론 선지자가 반영하여 행동하도록 강조하는 내용은 하나님 가르침에 기반한 꾸란 그 자체입니다.

축복 가득한 책을 계시하니, 유념하고 반영하도록 함이라. (38장 *Sūrah Saad* 29절)

❖ 오직 하나님만을 위하여 낭송(하고 반영하여, 인도를 찾아 행동)할 것

---

4) 오늘날 많은 무슬림들이 꾸란 아랍어를 이해 못 할뿐더러 아랍인들조차 꾸란 언어에 거의 접근하지 못하고 있습니다. 따라서 모든 무슬림들, 특히 젊은 세대들의 꾸란 언어 학습 장려가 절대적으로 필요하며, 아직까지 꾸란 아랍어의 진전이 없다면, 신뢰할 만한 번역을 끊임없이 언급해야 합니다.

독서와 낭송 예절

❖ 꾸란을 깨끗한 곳에 보관할 것

❖ 세속의 이득에 연연하지 않고 하나님 기쁨만을 추구할 것

❖ 온전히 집중하여 다른 집착을 배제할 것

❖ 의식적으로 깨끗한 곳에 자리할 것

❖ 예배 방향을 향할 것

❖ 이븐 마스우드는 마스지드에서 무릎을 꿇고 꾸란을 낭독[5]

❖ 겸손, 평온, 존중을 지킬 것

❖ 몸을 청결(타아우드, *Ta'awwudh*)한 후 하나님 이름(*Basmalah*)으로 시작할 것

❖ 좋은 목소리로 읽을 것

❖ 약속이 담긴 구절을 읽을 때는 하나님의 축복을, 위협이 담긴 구절을 읽을 때는 하나님의 도움을 청할 것

❖ 중요 구절은 여러 번 반복할 것

❖ 낭송이 끝날 때 "사다까-알라훌-라짐(*Sadaqa-Llāhu-l-'Azīm*, 하나님께 신뢰를 바칩니다)"을 읊고, 하나님께서 받아 주시기를 바라는 두아(*Du'ā'*, 기도)로 마칠 것

또한,

❖ 꾸란 낭송을 하루도 거르지 말 것

❖ 다른 사람에게 방해되도록 낭송하지 말 것

---

5) Abū Dawūd, Kamāl, 앞의 책 114쪽을 참조하십시오.

- 때로는 혼자서, 때로는 여럿이(가족도!) 함께할 것
- 낭송하는 동안 누군가 인사하면 답할 것
- 아단(*Adhān*, 예배시간을 알리는 소리)이 들린다면 멈출 것
- 사즈다 알-틸라와(*Sajdah al-Tilāwah*, 절하기)를 준수할 것
- 가능한 한 많이 암기할 것

사즈다 알-틸라

꾸란 중 14개(혹은 15개) 구절에 하나님의 종복과 피조물들이 주님께 절을 드리는 내용이 언급되는데, 이 구절을 읽을 때나 들을 때에는 엎드려 절을 드립니다. 해당 구절들은 다음과 같습니다.

7장 *Sūrah al-Araf* 206절, 13장 *Sūrah ar-Rad* 15절, 16장 *Sūrah an-Nahl* 49-50절, 17장 *Sūrah al-Isra* 109절, 19장 *Sūrah Maryam* 58절, 22장 *Sūrah al-Hajj* 18절, (22장 *Sūrah al-Hajj* 77절), 25장 *Sūrah al-Furqan* 60절, 27장 *Sūrah an-Naml* 25-26절, 32장 *Sūrah as-Sajdah* 15절, 38장 *Sūrah Saad* 24-25절, 41장 *Sūrah Fussilat* 38절, 53장 *Sūrah an-Najm* 62절, 84장 *Sūrah al-Inshiqaq* 20-21절, 96장 *Sūrah al-Alaq* 19절.

사즈다 알-틸라와(*Sajdah al-Tilāwah*, 엎드려 절하기)는 다음처럼 진행합니다.

- 니이야(*Niyyah*, 마음가짐)를 정합니다.
- (서거나 앉거나) 키블라(*Qiblah*, 예배 방향)를 향합니다.
- "알라후 아크바르(*Allahu Akbar*, 위대하신 하나님)"라고 타크비

르(*Takbīr*)를 읊습니다.

* 예배 자세처럼 엎드려 절합니다.
* 절을 하는 동안 하나님께 영광 올리는 말, 예컨대 "수브하나 랍비 알-알라(*Subḥāna Rabbi-al-A'lā*, 지극하신 주님께 영광을 올립니다)"를 암송합니다.
* "알라후 아크바르"를 읊으며 마칩니다.

낭송하며 엎드려 절하는 사즈다 알-틸라와는 새로운 관습이 아니라 선지자 무함마드가 직접 지시하고 지켰습니다.

이븐 우마르가 전하길, "선지자가 꾸란을 낭송하는 동안 사즈다(*Sajdah*) 가 있는 구절을 낭송했는데, 그가 엎드려 절할 때 우리도 따라 절했으며 (너무 붐볐기에) 몇몇은 (절할 때)이마를 놓을 곳을 찾을 수 없었다."[6]

꾸란 낭송[7]

선지자 무함마드에게 내려진 첫 번째 계시는 꾸란을 낭송하라는 지시였습니다.

그대 주님의 이름으로 읽으라….(96장 *Sūrah al-Alaq* 1절)

---

6) *Ṣaḥīḥ Muslim*, 1권, p.287. No.1189.

7) Suyūṭī, *Itqān*, 1권, 99쪽 이하, 역사 발전과 음악적 측면의 배경 연구에 관심이 있다면 『이슬람 관점의 연구(*Islamic Perspectives*)』에 실린 파루끼(Farūqī)의 글, 앞의 책 105-119쪽을 참고하십시오.

그리고 곧이어 무슬림들의 일반적 꾸란 낭송 방법을 가르치는 73장(*Sūrah al-Muzzammil*) 4절이 계시되었습니다.

절제된 리듬으로 천천히 낭송하도록.(73장 *Sūrah al-Muzzammil* 4절)

꾸란을 낭송하는 이런 태도(*Tilāwah*, 틸라와)는 타즈위드(*Tajwīd*, 낭송) 규칙을 지킴으로써 이뤄집니다. 타즈위드는 아랍어 어근 자우와다(*Jawwadah*)에서 파생된 용어로 '잘 만들다' 또는 '개선하다'를 의미하며, "좋은 것을 만드는 것'이란 의미도 있습니다. 전문 용어로는 두 가지 확실한 뜻을 지닙니다.

❖ 정확하고 좋은 발음의 낭송
❖ 중간 속도의 낭송 모드

타즈위드, 그리고 끼라아

낭송 지식('*Ilm al-Qirā'a*)은 세 가지 주요 분야를 포함하며, 그 중 하나가 낭송 규칙인 타즈위드(*Tajwīd* , 낭송 규칙)입니다.

❖ 타즈위드에 대한 지식, 즉 정확하고 좋은 발음
❖ 다양한 낭송 방식에 대한 지식[끼라아(*Qirā'a* 참조]
❖ 다양한 암송 형태에 대한 지식
  ❖ 하드르(*Ḥadr*): 정상적인 말하기 속도로 하는 암송
  ❖ 타르틸(*Tartīl*): 읽기와 성찰을 위한 느린 암송
  ❖ 타즈위드 타흐키크(*Tajwīd Tahqīq*): 타르틸과 비슷하지만 가르치고 배우기 위한 더욱 세심한 암송

❖ 타즈위드[*Tajwīd*, 타드위르(*Tajwīr*)라고도 함]: 하드르(*Ḥadr*)
와 타르틸(*Tartīl*)의 중간 속도 암송

타즈위드의 중요성

꾸란 낭송의 기본 지식 중 하나인 타즈위즈의 중요성은 분명
합니다. 가장 큰 장점은 습득에 별로 어렵지 않은 타즈위즈에 대
한 올바른 지식은 꾸란 언어에 대한 이해 여부에 관계없이 올바
른 꾸란 낭송으로 이어질 수 있다는 점입니다.

기본 규칙

타즈위즈에 관한 지식인 일름 알 타즈위드('*Ilm al- Tajwīd*, 낭송
지식)에는 두 가지 분류가 있습니다.

❖ 각 위치에 존재하는 다양한 문자들의 정확한 발음
❖ 각 상황에서 모음에 주어지는 제 길이와 강조

주요 원칙에 대한 개요는 다음과 같습니다:

눈 사킨과 탄윈. 예컨대 민(*Min*, مِن)이라는 단어에서 보듯,
눈(*Nūn*, ن)이라는 글자가 스쿤(*Sukūn*)과 함께 있으면(نْ) 눈 사킨
(*Nūn Sākin*)이라 부르며, 가프룬(*Ghafūrun*, غَفُوْرٌ)이란 단어에서 보
듯, 문자 위에 붙어 있는 부호 안(*an*, ً), 인(*in*, ٍ), 운(*un*, ٌ)을 탄
윈(*Tanwīn*)이라 부릅니다.

완전 동화. 예컨대 미르 랍비힘(Mir-Rabbihim, مِنْ رَبِّهِمْ)이나 와람 야쿨라후 쿠프완 아하드(Wa Lam Yakun Lahu Kufuwan Aḥad, وَلَمْ يَكُنْ لَّهُ كُفُوًا اَحَدٌ)처럼 라(ra, ر)나 람(lam, ل) 두 문자 중 하나가 눈 사킨(Nūn Sākin)이나 탄윈(Tanwīn) 뒤에 올 때 'ㄴ' 소리(n-sound)가 그 뒤의 문자와 완전 동화(Idghām, 이드감)됩니다.

비음 동화(鼻音同和). 야(Ya, ي), 눈(Nūn, ن), 밈(Mīm, م), 와우 (Wāw, و) 네 글자 중 하나가 눈 사킨(Nūn Sākin)이나 탄윈(Tanwīn) 뒤에 올 때, 아래의 예처럼 'ㄴ' 소리는 뒤에 오는 문자와 비음을 동반한 동화(Idghām Bi-Ghunna)가 발생합니다.

만-야아말(Man-Ya'mal)	야(ي)	مَنْ يَّعْمَلْ
야우마 이딘-나아이마툰 (Yauma Idhin-Nā'imatun)	눈(ن)	يَوْمَئِذٍ نَّاعِمَةٌ
라쑬룬-민 까블리(Rasūlun-min Qablī)	밈(م)	رَسُوْلٌ مِّنْ قَبْلِي
라히문-와두드(Raḥīmun-Wadūd)	와우(و)	رَحِيْمٌ وَّدُوْدٌ

눈 사킨이 분야눈(بُنْيَانٌ), 둔야(دُنْيَا), 낀와눈(قِنْوَانٌ), 쏸와눈 (صِنْوَانٌ) 네 가지의 경우 어느 단어 안에서 발생할 때 이 규칙에서 제외됩니다.

대체. 예컨대 싸미움-바시르(Samī'um-Baṣīr, سَمِيْعٌ بَصِيْرٌ)처럼 눈 사킨이나 탄윈의 'ㄴ' 소리에 바(bā) 자가 뒤따르면, 'ㅁ' 소리

(m-sound)로 대체(*Iqlāb*, 이끌라브)됩니다. 눈 사킨이나 탄윈을 뒤따르는 나머지 글자들은 바뀌지 않고 정확하게 발음(*Iẓhār*)됩니다.

밈 사킨(*Mīm Sākin*). 글자 밈(*Mīm*, م)이 هُمْ처럼 수쿤(*Sukun*, مْ)과 함께 있으면 밈 사킨이라고 부릅니다. 또 바(*Bā*, ب)나 밈(*Mīm*, م) 자가 뒤따르면 'ㅁ' 소리로 동화됩니다.

와 마 훔-비 무으미닌 (*Wa mā Hum-bi Mu'minīn*)	바(ب)	وَمَا هُمْ بِمُؤْمِنِيْنَ
인 쿤툼 무으미닌 (*In Kuntum-Mu'minīn*)	밈(م)	إِنْ كُنْتُمْ مُؤْمِنِيْنَ

강화. 다음 보기와 같이 까프(*Qāf*, ق), 똬(*Ṭā*, ط), 달(*Dāl*, د), 쥠(*Jīm*, ج), 바(*Bā*, ب) 다섯 글자가 스쿤과 함께 올 때는 발음이 '약강화(*Qalqalah*)' 됩니다.

수브하나-ㄹ 라(*Subḥana llāh*)	바(ب)	سُبْحَانَ الله
카라즈나(*Kharajnā*)	쥠(ج)	خَرَجْنَا
알-까드르(*al-Qadr*)	달(د)	الْقَدْرُ
피트라툰(*Fiṭratun*)	똬(ط)	فِطْرَةٌ
칼라끄나(*Khalaqnā*)	까프(ق)	خَلَقْنَا

[똬(*Ṭā*, ط)나 따(*Tā*, ت) 두 글자에 달과 스쿤이 함께 뒤따르면 약강화가 사라집니다.]

약동화(弱同和). 눈 사킨이나 탄원에 다음 열다섯 글자 중 하나가 뒤따르면 약동화(이크파, *Ikhfā'*)에 의해 발음이 숨겨집니다.

쿤뚬(*Kuntum*)	따(ت)	كُنْتُمْ
민 사마라트(*min Thamarāt*)	사(ث)	مِنْ ثَمَرَاتٍ
인 자아쿰(*in Jā'akum*)	쥠(ج)	إِنْ جَاءَكُمْ
인다훔('*Indahum*)	달(د)	عِنْدَهُمْ
민 디크리(*min Dhikri*)	눈(ذ)	مِنْ ذِكْرٍ
얀자우(*Yanza'u*)	자인(ز)	يَنْزَعُ
까울란 사디단(*Qaulan Sadīdan*)	씬(س)	قَوْلاً سَدِيداً
민 샤아이리-ㄹ 라(*Min Sha'ā'iri Llāh*)	쉰(ش)	مِنْ شَعَائِرِ الله
얀수루(*Yanṣūru*)	쏴드(ص)	يَنْصُرُ
만두드(*Manḍūd*)	돠드(ض)	مَنْضُودٍ
칼리마틴 타이이바틴(*Kalimatin Tayyibatin*)	똬(ط)	كَلِمَةٍ طَيِّبَةٍ
얀즈루나(*Yanzurūna*)	좌(ظ)	يَنْظُرُوْنَ
안피루(*Infirū*)	파(ف)	أَنْفِرُوا
민 까블리힘(*min Qablihim*)	까프(ق)	مِنْ قَبْلِهِمْ
만 카나(*man Kāna*)	카프(ك)	مَنْ كَانَ

추가 동화(追加同和). 첫 번째 글자에서 두 번째 글자로의 동

화는 다음 보기에서와 같이 첫 번째 글자가 스쿤(Sukūn)과 함께
있을 때 발생합니다.

까드 따바이야나(qad Tabayyana)	따(ت)	달(د)	قَد تَّبَيَّن
아스칼라뜨 다아와(Athqalat Da'awā)	달(د)	따(ت)	أَثْقَلَت دَّعَوَا
함마라뜨 타이파(Hammat Tā'ifa)	따(ط)	따(ت)	هَمَّت طَّائِفَةٌ
이드 촬람툼(Idh Zalamtum)	좌(ظ)	잘(ذ)	إِذ ظَّلَمْتُم
얄하스 달릭(Yalhath Dhālik)	잘(ذ)	달(ث)	يَلْهَث ذَّلِك
나클루끄쿰(Nakhluqkum)	카프(ك)	까프(ق)	نَخْلُقكُّم
꿀 랍비(Qul-Rabbi)	라(ر)	람(ل)	قُل رَّبِّ

'**람(Lām)' 발음**. 예컨대 비쓰밀라(Bismi-llāh, بِسْمِ اللهِ)와 같이
카스라[Kasra, '이(i)' 소리]가 있는 문자 뒤에 오는 '람(ل)' 문자는
가볍게 발음됩니다. 그리고 '꿀 후와-라후 아하드(Qul Huwa-llāhu
Aḥad)'처럼 파타[Fatḥah, '아(a)' 소리]나 담마[Dhamma, '우(u)' 소리]
로 이어지면 강하게 강조되어 발음됩니다.

'**라(Rā)' 발음**. 문자 '라(ر)'는 '이(i)' 소리와 연결될 때, 즉 카스
라(Kasra)'가 있는 문자나 '야 사키나(Yā Sākina)'가 앞에 오거나,

라 자체로 '타쉬디드(*Tashdīd*)'가 있건 없건 카스라(*Kasra*, '이' 발음)가 있는 경우 가볍게 발음됩니다.

아브시르(*Abṣir*)	أَبْصِر
카비르(*Khabīr*)	خَبِيْر
리스끄(*Rizq*)	رِزْق
민 샤르리(*Min Sharri*)	مِنْ شَرِّ

그리고 '아(*a*)' 소리, '우(*u*)' 소리와 연결될 때 즉, '타쉬디드(*Tashdīd*)'나 스쿤이 있건 없건 파타[*Fatḥah*, '아(*a*)' 소리]나 담마[*Dhamma*, '우(*u*)' 소리]로 이어지면 강하게 발음됩니다.

아라다-르 라후(*Arāda llahu*)	أَرَادَ اللهُ
바르꾼(*Barqun*)	بَرْقٌ
라이싸-르-비르라(*Laisa-l-birra*)	لَيْسَ الْبِرَّ

장음화(*Madd*). 세 가지 모음 즉, 알리프(*alif*, ا), 와우(*wāw*, و) 야(*yā*, ي)는 위치에 따라 각각 다른 긴 발음(*Madd*, 맏드)을 가집니다. 이때 발음 시간 기준을 '1알리프(one *Alif*)'라고 하는데, 이는 알리프(*Alif*)의 일반적 길이입니다.

자연적 장음화(*Madd Tabʻī*, 맏드 타브 이). 이 모음은 예컨대,

"말리키 야우민-딘(Malikī Yaumi-Din, مَـٰلِكِ يَوْمِ الدِّينِ)"에서처럼 2알리프 길이로 읽습니다.

수쿤의 장음화(Madd ‘arid li-Sukūn). 이는 예컨대, "와-ㄹ 라후알리문-비-ㅈ-잘리민(Wa llāhu ‘alīmun-bi-Zẓā limīn, وَاللهُ عَلِيمٌ بِالظَّالِـمِيْنَ)"에서처럼 단어의 마지막에서 두 번째 글자에 모음이 와 잠시 중지할 때 발생하며, 2알리프 이상의 길이로 발음합니다.

함자의 장음화(Madd al-Hamz). 이러한 장음화는 두 종류가 있습니다. 첫째는 예컨대, "와 이다 아라드나(wa idhā Aradnā, وَإِذَا أَرَدْنَا)"에서와 같이 첫 번째 단어가 모음으로 끝나고 다음 단어가 함자(Hamza)로 시작할 때 발생하는데, 이 경우 모음의 발음은 2알리프에서 6알리프 정도여야 합니다. 다른 경우는 "알-말라이카(al-Malā’ikah, الْـمَلاَئِكَةُ)"에서와 같이 모음 뒤의 단어가 함자를 포함하는 경우입니다.

필수 장음화(Madd lāzim). 이 장음화는 모음에 수쿤이나 타쉬디드(Tashdīd) 문자가 뒤따를 때 2알리프 길이만큼 발음합니다.

까프 와-ㄹ-꾸르아니-ㄹ-마지드 (Qaf wa-l-Qur’āni-l-Majīd)	وَالْقُرْآنِ الْـمَجِيْدِ
알-학까(al-Ḥāqqah)	الْـحَاقَّةُ

텍스트에서 읽기 부호. 대부분의 꾸란 인쇄본에는 낭독 규칙 외에도 바른 낭송법을 돕는 여러 가지 추가 기호가 있습니다. 그

중에서도 다음 두 가지는 중요합니다.

람 알리프(*Lām Alif*)	لا	멈출 수 없음
밈(*Mīm*)	م	반드시 멈춤

이 기호들의 뜻은 다음과 같습니다.

멈춤

❖ ٥: 구절 마침 기호

❖ **밈(م)**: 반드시 중단(*Waqf Lāzim*, 와끄프 라짐). 계속해서 읽으면 의미가 바뀝니다.

"저들이 진정으로 믿지 않음에, 하나님을 속일 수 있으리라고 여기는가?" (꾸란 2장 Sūrah al-Baqarah 8-9절)

위 구절에서 만약 멈추지 않는다면, 신도들이 하나님을 속일 수 있는 것으로 해석할 것입니다.

❖ **끼프(*Qif*, قف)**: 일시 중지

멈춤 권장

❖ **따(ط)**: 구절 마지막에서 필수적 멈춤(*Waqf Muṭlaq*, 와끄프 무뜰라끄)

❖ **쩸(ج)**: 허용 권장하는 멈춤(*Waqf Jā'iz*, 와끄프 자이즈)

일시 중지

❖ **사크타(سكته) 혹은 씬(س) 사크타(*Sakta*)**: 숨을 멈춘 상태에

서 짧게 멈춤

❖ **와까파**(وقفه): 숨을 멈춘 상태에서 약간 길게 멈춤

멈추지 않음

❖ ﻻ(*la Yūqafu*, **라 유까프**): 구절 중간에 멈추지 않고, 구절 끝에서 선택적으로 멈춤

멈추지 않는 것 권장

❖ ز(*Waqf Mujawwaz*, **와끄프 무자우와즈**): 계속하기를 권장

❖ صلى(*Şali*, **쌀리**): 연결

❖ ص(*Waqf Murakhkhas*, **와끄프 무락카스**): 숨쉬기를 위한 멈춤이 허용되며 이 경우 이전의 멈춤에서부터 다시 시작

그 밖의 기호

❖ ﻙ(카프): 카달리크(*Kadhālik*). 이전과 같이, 즉 이전 기호와 동일하게 적용

❖ ﻕ(까프): 까드 낄라(*Qad Qīla*). 선택적으로 멈춤

❖ ﻻﻕ: 낄라 라(*Qila Lā*). 멈추지 말 것(선택)

❖ معانقه(**마아나까**) 혹은 مع(**마아**): 꾸란 2장 *Sūrah al-Baqarah* 2절에서처럼 첫 번째 혹은 두 번째를 살펴 봄

❖ صلى(**쌀리**): 둘 이상의 기호가 나타나는 경우

❖ ج(**쥠**): 일반적으로 가장 위에 있는 기호 우선

❖ وقف الغفران: 와끄프 알-꾸프란(*Waqf al-Qhufrān*). 이 지점에서 멈추기를 권장

* **وقف المنزل**: 와끄프 알-만질(*Waqf al-Manzil*). 이 지점에서 멈추기를 권장
* **وقف جبرئيل**: 와끄프 지브릴(*Waqf Jibrīl*). 천사 가브리엘이 멈추라고 말한 곳, 또는 멈췄다고 전해지는 곳
* **وقف النبي**: 와끄프 안-나비(*Waqf al-Nabī*). 선지자가 멈추라고 말한 곳, 또는 멈췄다고 전해지는 곳
* **ع**: 루크(*Rukū'*). 반절하는 곳
* **حزب**: 히즈브(*Hizb*). 본문의 구분 단위(텍스트의 구분 참조)
* **جزء**: 주즈(*Juz'*). 꾸란 전체를 30단계로 구분
* **منزل**: 만질(*Manzil*). 본문의 구분 단위(텍스트의 구분 참조)
* **سجدة**: 사즈다(*Sajda*) 낭독 중 엎드려 절함(꾸란의 예절 참조)

꾸란의 암기

암기(*Ḥifẓ, Taḥfīẓ*)는 꾸란 본문의 가장 초창기 전승 형태[8]로 계시가 시작된 이래 무슬림들에 의해 계속 실행되어 왔습니다. 꾸란은 인류 역사상 선지자 무함마드 자신에게까지 거슬러 올라가는 구두 전승이라는 뛰어난 전통을 가진 유일한 책일지 모릅니다. 비록 하피즈(*Ḥafiẓ*, 독경사, 복수형 *Ḥuffāẓ*)라는 꾸란 전체를 전문적으로 암기하는 사람들도 있지만, 모든 무슬림에게는 가

---

8) 앞의 글 참조

능한 한 많은 꾸란 구절을 암기해야 할 의무가 있습니다. 이븐 압바스는 선지자의 말을 전했습니다.

"꾸란을 조금이라도 마음속에 담지 않는다면, 버려진 집과 다름없지요."[9]

과거에는 꾸란을 외우는 일이 모든 무슬림들의 교육에 건실한 기반이었으나, 오늘날 무슬림 교육 시스템의 변화로 꾸란에 대한 강조가 줄었습니다. 그러나 꾸란 구절의 암기는 특히 다음과 같은 이유로 모든 무슬림에게 여전히 요구됩니다.

- ❖ 암기는 순나(선지자의 가르침)로 교우들과 타비운(승계자) 그리고 모든 경건한 무슬림들이 따랐습니다.
- ❖ 예배를 올바로 드리기 위해서는 꾸란을 낭송해야 합니다.
- ❖ 암기하는 구절은 실제 선교(Da'wah) 활동에 유용합니다.
- ❖ 꾸란을 암기하고 낭독하는 일은 하나님과 그분의 메시지를 더 많이 기억하고 인식하도록 이끕니다.
- ❖ 아흐캄(Ahkām, 법규) 구절들을 암기하면 더 많은 의식과 결단력으로 이어집니다.
- ❖ 암기는 꾸란 메시지에 대한 더 깊은 이해와 믿음으로 이끕니다.

---

9) Kandahlavi, M.Z., *Virtues of the Holy Qurʾān*, 물탄, 1968, No. 15.의 Tirmidhī.

꾸란 구절을 암기하는 방법

다음은 성(聖) 꾸란을 더 많이 외우는 데 도움될 만한 실용적 제안이 될 것입니다.

- 암기를 일상으로 만드십시오. 한 번에 조금씩 시간을 정해 규칙적으로 하십시오.
- 자신에게 특별히 의미 있는 구절을 하나 골라 보세요. 그리 길지 않아야 합니다.
- 그 구절을 몇 번 소리 높여 읽어 보세요.
- 그 구절을 작은 종이에 적습니다.
- 그것을 외우십시오.
- 기억을 따라 읽습니다.
- 누군가에게 당신을 위해 꾸란 구절을 읽어 달라 부탁하세요.
- 그 사람이 읽은 내용을 적어 보십시오.
- 예배 드릴 때 그 부분을 암송합니다.
- 구절을 암기한 후 (예배 등에서)여러 번 반복하여 기억에 깊이 새길 수 있습니다(반복 학습).
- 다른 구절을 선택하여 똑같이 반복하십시오.

기록 장치

일반 신도를 위한 보조 기구

꾸란은 실용적 측면에서 인쇄물의 배포를 통해 저작에 관한한 일정 정도의 표준화를 이룬 반면, 낭송은 기술 발전의 힘을 빌어 비로소 비슷한 발전을 경험해야 했습니다. 꾸란 구절 낭송 녹음은 1920년대부터 있었는데, 오늘날 녹음 및 재생 장치는 훨씬 더 눈부시게 발전했습니다. 재생 장치의 종류도 더욱 다양해졌을 뿐 아니라, 더욱 중요한 점은 방송이 전 세계 방방곡곡에 도달하며 생방송이건 녹음이건 꾸란 낭송이 누구에게나 귀와 마음에 도달한다는 사실입니다.

이런 환경은 특별 학습을 받지 않은 수많은 젊은이들에게 주는 혜택이 확실하며, 전문 독경사에게 받는 물리적 훈련 과정이 아니더라도 언제 어디서나 꾸란 낭독 학습을 가능케 합니다.

학자들의 문제점

꾸란은 일곱 가지 방식에 따라 낭송할 수 있지만 녹음 방식을 따라 배우는 경우 비학습자에게는 편의성과 더불어 오직 한 가지 방식만을 따를 수밖에 없다는 문제점이 동반됩니다.

지금까지 녹음된 버전으로 제공되는 낭독은 거의 대부분이 매우 인기 많고 널리 알려진 독경사들의 작품인 반면, 북아프리카 스타일처럼 인지도 낮은 다른 방식은 대중의 의식 속에서 어느 정도 뒷전으로 밀려나 있습니다.

이집트에서 일곱 방식의 낭독을 모두 녹음하려는 계획을 세웠는데 어디까지 구현되었는지는 알려지지 않았습니다.[10]

잘 알려진 독경사들

현대 들어 많은 독경사들이 재생 장치를 이용해 여러 종류의 낭송을 들려 주는데 다음을 추천합니다. 이것은 어디까지나 저의 개인적 견해입니다.

- ❖ 샤이크 압둘라 알-카이야트(*Shaikh 'Abdullah al-Khayyāt*): 매우 빠른 속도
- ❖ 샤이크 마흐무드 칼릴, 알-후사리(*Shaikh Maḥmūd Khalīl, al-Ḥuṣarī*): 중간 속도, 학습용으로 좋음
- ❖ 샤이크 압둘바싸트 압둘싸마드(*Shaikh 'Abd al-Bāsiṭ 'Abd al-Ṣamad*): 저속

재생 장치로 구할 수 있는 다른 수많은 꾸란 독경들은 중동 지역뿐 아니라 이슬람 세계 전역에서 만날 수 있습니다. 잘 알려진 여성 독경사가 인도네시아 출신의 누르 아시아 자밀(Nūr Asiah Djamīl)일 것입니다.

---

10) Sa'id Labīb, *al-Muṣḥaf al-Murattal*, 카이로, 1967. 이 책의 일부를 영문을 번역한 다음 책도 참조하십시오. Berger, M., Rauf, A.와 Weiss, B., *The Recorded Qur'ān*, 프린스터, 1974.

꾸란 학습법

꾸란이 무슬림에게 갖추기를 요구하는 몇 가지 조건은 다음과 같습니다.[11]

* 무슬림은 꾸란 내용을 믿어야 하며
* 읽어야 하고
* 이해해야 하며
* 가르침에 따라 행동해야 할 것이니
* 가르침을 다른 사람들에게 전달해야 합니다.

꾸란을 이해하지 못한다면, 이 다섯 가지 중 단 한 가지 임무에 이를 수밖에 없으며, 올바른 이해를 위해서는 학습이 필요합니다.

읽고 반영하기

꾸란을 읽거나 낭독하는 일만으로는 충분치 않음을 꾸란 스스로 강조합니다. 꾸란을 올바르게 따르기 위해서는 읽은 내용을 반영하여 거기에 맞는 행동을 실천해야 합니다.

축복 가득한 책을 계시함에, 깊이 숙고하여 분별력으로 반영하라.(38장 *Sūrah Saad* 29절)

---

11) 다음을 참조하십시오. Ahmad, Israr, *The Obligations Muslims Owe to the Qur'ān.* Markazi Anjuman Khuddam-ul-Quran, 라호르, 1979, p.5.

저들이 진정 꾸란을 이해하지 않으려거나 혹은 스스로 그들 마음을 닫아 잠그었던가?(47장 *Sūrah Muhammad* 27절, 또한 4장 *Sūrah an-Nisa* 82절, 23장 *Sūrah al-Muminun* 68절).

마찬가지로 선지자는 무슬림들에게 꾸란을 암기하고 묵상하도록 지시했습니다. 우바이다 알–말리키(Ubaida al-Malikī)가 하디스에서 선지자의 말을 전했습니다.

꾸란을 믿는 사람들이어, 이를 베개로 삼지 말고, 밤낮으로 정확히 낭송하여 대중화시키십시오. 꾸란 말씀을 정확하게 발음하고, 내용을 잘 생각하여 인도를 받아 성공에 이를 것이며, 세속적 이익에 연연하지 말고, 오직 하나님의 기쁨을 구하는 마음으로 낭송해야만 합니다.[12]

접근 방식

학습을 통해 올바른 꾸란 이해를 구하려면, 정확한 접근 방식을 적용해야 합니다. 꾸란 학습과 반영을 위한 접근 방식에 대해 쿠람 무라드(Kuram Murad)는 매우 명확한 개요를 제시했습니다. 그의 에세이 ≪꾸란으로 향한 길≫[13]은 대단히 훌륭합니다. 핵심 주안점에 대한 간략한 개요는 다음과 같습니다. 꾸란 학습의 결실을 위해 기본 전제 조건을 준수하기 바랍니다.

❖ 하나님의 계시라는 믿음을 확신하십시오.

---

12) Hashimi, R., *A Guide to Moral Rectitude*, 델리, 1972, pp.114-115.

13) A. Y. Ali의 꾸란 번역본과 함께 출간되었습니다(레스터, 1978).

- ❖ 오직 하나님의 기쁨만을 위하여 읽으십시오.
- ❖ 안내를 모두 완전하게 받아들이십시오.
- ❖ 안내에 따라 자신을 새겨 넣으십시오.
- ❖ 하나님께 피난처를 찾고, 학문을 위한 도움을 구하며, 꾸란을 통해 축복을 찬양하고 영광을 바치십시오.

마음에 간직하여 지키고 보강하기 바랍니다.

- ❖ 늘 하나님께서 함께하심을 명심하십시오.
- ❖ 꾸란을 마치 하나님 말씀처럼 느끼십시오.
- ❖ 꾸란이 당신에게 직접 말하는 것처럼 느끼십시오.
- ❖ 바른 외모를 견지하고, 내외적으로 정결을 지키십시오.

꾸란을 성찰하고 이해하기 위하여 노력하십시오.

- ❖ 각 구절을 과거의 일이 아니라 현재와 관련 있는 것으로 여기십시오.
- ❖ 꾸란 전체를 읽고(필요하다면 번역본을 사용하여) 개요를 읽어 보십시오.
- ❖ 학습 초반에 긴 해설을 피하십시오.
- ❖ 꾸란 언어를 배우십시오.
- ❖ 읽은 내용을 깊이 반영하여 천천히 조화로운 모드(운율, Tartīl)로 낭독하십시오.

학습에 몰두하도록 노력하십시오.

❖ 꾸란에 선지자와 교우들이 어떻게 반응했는지 기억하세요.

❖ 계시의 각 구절을 여러분에게 전달된 대로 받아들이세요.

❖ 구절에 대한 내적 반응을 키우고, 하나님께 찬양 드리며, 용서를 구하는 등 행동으로 표현하세요.

인류를 위한 하나님의 인도, 꾸란의 가르침에 따라 살아가도록 노력하는 일은 꾸란으로 더욱 가까이 다가가 의미를 파악하는 길입니다. 꾸란을 적용시키는 방법을 알기 위해서는 선지자 무함마드의 일상생활 방식을 관찰하고 또한 꾸란을 매일 낭독하고 가능한 한 암기함으로써 이룰 수 있습니다.

아불 아알라 마우두디(Abul A'la Mawdudi)[14]는 하나님의 책에 대한 안내를 구하려는 사람들을 위하여 꾸란 학습에 유용한 조언을 제공했습니다.

❖ 편견과 선입견에서 자유로운 마음가짐으로 꾸란을 읽으세요. 그렇지 않다면 책에서 자기 개념을 읽게 될 것입니다.

❖ 온건한 통찰력을 위해 책을 한 번 이상 읽으십시오.

❖ 어떤 의문이 생길 때에는 바로 메모해 두고, 다른 구절을 읽으며 발견하게 되는 대답도 메모해 두십시오.

❖ 읽어 가면서 특히 꾸란이 제시하는 삶의 방식을 탐구하십시오.

❖ 그런 입문서를 읽은 후에는 더욱 상세히 학습하여, 다양한

---

14) 알리(Ali, A. Y.)의 *The Holy Qur'ān*(레스터, 1978) xxi-xliii쪽, '학습의 조언(Suggestions for Study)'을 참조하십시오.

이슬람적 측면과 적용 범위에 대해 알아봅니다.

❖ 꾸란을 이해하는 데 참된 열쇠는 꾸란의 의미를 실제적으로 적용하는 것임을 잊지 마십시오.

이 모든 시도에도 불구하고 꾸란이 계시된 목적을 위한 사명을 실제로 수행하기 위해 나서지 않는 한, 꾸란의 영감을 주는 정신을 파악할 수 없습니다. 단순히 그 말씀을 낭송하는 것만으로는 꾸란에 담긴 진리를 구할 수 없습니다. 우리는 이를 위해 믿음과 불신, 이슬람과 비이슬람, 진리와 거짓 사이의 갈등에 적극적으로 참여해야 합니다.[15]

---

15) 앞의 책, p.xlii.

부록

첫 계시와 다양한 꾸란 필사본

그림 1. 마카 근처에 있는 자발 알누르(*Jabal al-Nūr*, 빛의 산). 히라 동굴이 있으며, 그곳에서 선지자가 첫 계시를 받았습니다(꾸란 96장 1–5절). 13쪽을 참고하세요.

그림 2. 우스만 칼리프 시대의 성(聖) 꾸란 사본. 이스탄불의 토프카피 (Topkapi) 박물관소장. 43쪽을 참고하세요.

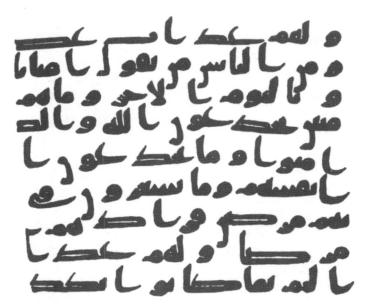

그림 3. 우스만 칼리프 시대의 성(聖) 꾸란 사본의 한 페이지. 타슈켄트 소장. 꾸란 2장 7–10절. 왼쪽 여백의 일부는 복제되지 않았습니다. 여러분이 가지고 있는 꾸란과 비교해 보세요. 44/45쪽을 참고하세요.

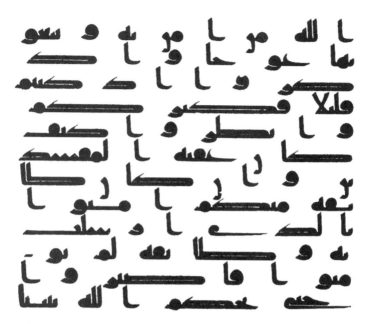

그림 4. 우스만 칼리프 시대 성(聖) 꾸란 사본의 또 다른 페이지. 타슈켄트 소장. 꾸란 7장 86–87절. 자신의 꾸란을 가지고 비교해 보세요. 44/45쪽을 참고하세요.

그림 5. 고대 쿠픽(*Kufic*)체로 쓰여진 꾸란 사본의 일부. 옛 스타일의 타쉬 킬(*Tashkīl*, 모음 표시)이 포함되어 있습니다. 꾸란 26장 210–211절. 40쪽을 참고하세요.

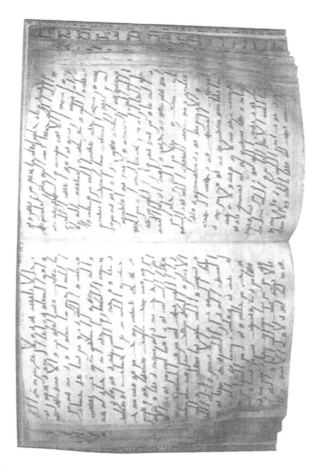

그림 6. 2세기/8세기 말에 작성된 오래된 꾸란 사본의 두 페이지. 일부 모음 표시와 절의 끝(예: 37절 이후) 및 루쿠(*Rukū*)의 끝(예, 40절 이후)을 나타내는 표시가 포함되어 있습니다. 꾸란 24장 32-36절; 37-44절 참조. 42쪽을 참고하세요.

그림 7. 마그리브(*Maghribī*)체로 쓰인 북아프리카 인쇄본 꾸란의 한 페이지. 워르쉬(Warsh) 낭독법에 따라 모음이 표시되어 있습니다. 꾸란 2장 4–15절 참조. 92쪽을 참고하세요.

أُوْلَٰٓئِكَ عَلَىٰ هُدًى مِّن رَّبِّهِمْ ۖ وَأُوْلَٰٓئِكَ هُمُ ٱلْمُفْلِحُونَ ﴿٥﴾
إِنَّ ٱلَّذِينَ كَفَرُوا۟ سَوَآءٌ عَلَيْهِمْ ءَأَنذَرْتَهُمْ أَمْ لَمْ تُنذِرْهُمْ
لَا يُؤْمِنُونَ ﴿٦﴾ خَتَمَ ٱللَّهُ عَلَىٰ قُلُوبِهِمْ وَعَلَىٰ سَمْعِهِمْ ۖ وَعَلَىٰ
أَبْصَٰرِهِمْ غِشَٰوَةٌ ۖ وَلَهُمْ عَذَابٌ عَظِيمٌ ﴿٧﴾ وَمِنَ ٱلنَّاسِ
مَن يَقُولُ ءَامَنَّا بِٱللَّهِ وَبِٱلْيَوْمِ ٱلْءَاخِرِ وَمَا هُم بِمُؤْمِنِينَ ﴿٨﴾
يُخَٰدِعُونَ ٱللَّهَ وَٱلَّذِينَ ءَامَنُوا۟ وَمَا يَخْدَعُونَ إِلَّآ أَنفُسَهُمْ
وَمَا يَشْعُرُونَ ﴿٩﴾ فِى قُلُوبِهِم مَّرَضٌ فَزَادَهُمُ ٱللَّهُ مَرَضًا ۖ
وَلَهُمْ عَذَابٌ أَلِيمٌۢ بِمَا كَانُوا۟ يَكْذِبُونَ ﴿١٠﴾ وَإِذَا قِيلَ لَهُمْ
لَا تُفْسِدُوا۟ فِى ٱلْأَرْضِ قَالُوٓا۟ إِنَّمَا نَحْنُ مُصْلِحُونَ ﴿١١﴾
أَلَآ إِنَّهُمْ هُمُ ٱلْمُفْسِدُونَ وَلَٰكِن لَّا يَشْعُرُونَ ﴿١٢﴾ وَإِذَا
قِيلَ لَهُمْ ءَامِنُوا۟ كَمَآ ءَامَنَ ٱلنَّاسُ قَالُوٓا۟ أَنُؤْمِنُ كَمَآ ءَامَنَ
ٱلسُّفَهَآءُ ۗ أَلَآ إِنَّهُمْ هُمُ ٱلسُّفَهَآءُ وَلَٰكِن لَّا يَعْلَمُونَ ﴿١٣﴾

그림 8. 요르단 인쇄본 꾸란의 한 페이지. 하프스(Ḥafṣ) 낭독법에 따라 모음이 표시되어 있습니다. 꾸란 2장 5–13절 참조. 92쪽을 참고하세요.